思想政治教育与辅导员工作研究

张乃亭　著

北京工业大学出版社

图书在版编目（CIP）数据

思想政治教育与辅导员工作研究 / 张乃亭著．— 北
京：北京工业大学出版社，2021.5
ISBN 978-7-5639-7966-0

Ⅰ．①思… Ⅱ．①张… Ⅲ．①高等学校－思想政治教
育－研究－中国 Ⅳ．① G641

中国版本图书馆 CIP 数据核字（2021）第 111394 号

思想政治教育与辅导员工作研究
SIXIANG ZHENGZHI JIAOYU YU FUDAOYUAN GONGZUO YANJIU

著　　者：	张乃亭
责任编辑：	李俊焕
封面设计：	知更壹点
出版发行：	北京工业大学出版社
	（北京市朝阳区平乐园 100 号　邮编：100124）
	010-67391722（传真）　bgdcbs@sina.com
经销单位：	全国各地新华书店
承印单位：	三河市腾飞印务有限公司
开　　本：	710 毫米 ×1000 毫米　1/16
印　　张：	10.5
字　　数：	210 千字
版　　次：	2023 年 4 月第 1 版
印　　次：	2023 年 4 月第 1 次印刷
标准书号：	ISBN 978-7-5639-7966-0
定　　价：	58.00 元

作者简介

张乃亭，男，1971 年 9 月出生，山东省郓城人，毕业于山东大学，博士研究生学历，现任山东大学副研究员。现研究方向为思想政治教育专业。主持并完成省科技厅软科学项目一项、山东省人力资源和社会保障厅博士后创新项目一项；发表论文十余篇，其中 CSSCI 三篇；获山东省软科学成果三等奖一项。

前　言

在新形势下改进和加强高校思想政治教育教学，增强教育的针对性和实效性，更好地巩固马克思主义在思想政治教育教学中的指导地位，推进学科发展创新，培养德智体美劳全面发展的新时代青年，均具有重要的现实意义。高校辅导员是我国高校思想政治教育工作人员中的一个特殊群体，在高校的各项管理中尤为重要，他们是连接学生与学校之间的一座坚实的桥梁。高校辅导员的工作性质、当前大学生思想政治教育的复杂性和艰巨性、大学生全面的个性发展，都要求高校不断提高辅导员开展思想政治教育工作的能力。

本书共七章。第一章为绪论，主要阐述思想政治教育的概念及演进、地位及作用和高校思想政治教育的重要意义等内容；第二章为高校思想政治教育的理论依据，主要阐述高校思想政治教育的理论基础、中西方教育思想和理论的启示与借鉴等内容；第三章为高校思想政治教育的现状，主要阐述高校思想政治教育的特征、存在的主要问题和特殊性等内容；第四章为高校思想政治教育的教学探索，主要阐述高校思想政治教育的教学原则补充、教学内容创新、教学方法改进和教学模式转换等内容；第五章为高校辅导员岗位职责与角色定位，主要阐述高校辅导员制度的历史演变，高校辅导员的工作职责和角色定位等内容；第六章为高校辅导员的思想政治教育功能，主要包括高校辅导员在大学生思想政治教育中的作用、高校辅导员思想政治教育功能面临的严峻考验及实现的策略探讨等内容；第七章为思想政治教育中高校辅导员队伍的建设与发展，主要阐述高校辅导员面临的机遇与挑战，高校辅导员队伍建设的重要意义、途径和高校辅导员队伍的未来发展方向等内容。

为了确保研究内容的丰富性和多样性，笔者在写作过程中参考了大量文献，在此向涉及的专家学者表示衷心的感谢。

最后，限于笔者水平，本书难免存在一些疏漏，在此恳请读者朋友批评指正！

目 录

第一章　绪　论

思想政治教育是一项以思想理论为载体，以教育手段影响人们的政治价值观念，进而规范人们的道德行为，以调和人与社会关系、实现政治稳固的社会实践活动。随着党和国家对思想政治教育的不断重视，高校思想政治教育成为高校立德树人的关键课程。本章分为思想政治教育的概念及演进、思想政治教育的地位及作用、高校思想政治教育的重要意义三个部分。

第一节　思想政治教育的概念及演进

一. 思想政治教育的概念

这是思想政治教育学科研究的根本性问题，明确思想政治教育概念和定义有助于开展一定学术范围内的各项研究，基于学术界对其有不同的概念和定义，典型的、比较有代表性的有以下几种。

（一）早期概念

早期关于思想政治教育的概念，不同的专家学者有不同的论述，但其普遍认为这是一种教育实践活动和社会实践活动。思想政治教育受到社会经济发展、政治制度、文化的制约和影响，是一定的阶级、政党或政治集团为了实现其不同的政治目的，用其政治思想、理论和观点，对人民群众有目的地施加影响，从而转变人们的思想，培养其思想道德素质的工程，这些思想教育、政治教育和道德教育会随着不同的社会发展及人类自身发展要求而不断地发展与进步，从而对人们的行为有一定的指导作用。不同社会形成的不同的思想道德素质，提高着人们认识世界和改造世界的能力，动员着人们为当前的目标和长远的发展规划而奋斗。

（二）新观点

教育学通过对教育对象进行思想观念和价值体系上的灌输、说服和引导，使之在思想和行动上按照教育者的意图和目的进行思考和行动，最终实现教育目标。

社会学是一定的阶级、政党、社会群体遵循人们思想品德的形成发展规律，用一定的思想观念、政治观点、道德规范，对其成员施加有目的、有计划、有组织的影响，使他们形成符合一定社会、一定阶级所需要的思想品德的社会实践活动。

通过直观的比较，人们不难发现，这些定义虽然有细微的差别，但基本内涵是一致的，其都承认思想政治教育中教育者和受教育者的关系，都认为本质是统治阶级有目的地进行的政治性教育，只是表述方式稍有不同，语气强烈时被称为灌输，语气平缓时被称为引导。也有学者持"受政治制约的思想教育和侧重思想理论方面的政治教育"的"交叉论"观点，周延一点的也只是强调要"遵循人们思想品德形成发展规律"。有新意的认为思想政治教育就是政治教育。

二、思想政治教育概念的演进

19 世纪 40 年代，马克思、恩格斯从事社会主义运动并创建了共产党，做了大量的政治宣传和政治思想工作。虽然当时并未使用思想政治教育的相关概念，但已提出"宣传工作"的概念。1894 年恩格斯又提出"社会主义的宣传"的概念。1902 年前后，列宁论述了政治宣传工作的重要性，提出了"政治教育"的概念。斯大林在联共十七大总结报告中提出了"思想工作""政治思想工作"等概念，并阐述了政治思想工作的基本内容及政治工作与组织工作和经济工作的辩证关系。

从上述马克思主义经典作家提出的多种概念中可知，思想政治教育伴随着马克思主义的产生而产生，是社会主义运动的优良传统和实践表征，马克思等虽然尚未有系统理论的总结，但已在实践需要的基础上做了大量的思想政治教育工作。

从历史线索和逻辑上来说，"思想政治教育"这一概念形成的历史沿革可以归结为政治工作—思想政治工作—思想政治教育。中国共产党在整个创立过程中非常重视政治宣传，坚持思想政治教育为政治斗争服务。周恩来提出"政治工作是红军的生命线"的论断，表明中国共产党人对思想政治教育的高度自觉。刘少奇在第一次全国宣传工作会议上提出了"思想政治工作"的概念，这标志着中国共产党在新中国成立后将政治工作的重点转移到转变人的思想、提高人们的思想政治水平上。毛泽东提出"政治工作是一切经济工作的生命线"的论断，这成为中国共产党思想政治教育的著名命题。思想政治教育界提出"思想政治工作是一门科学"，由此推动了思想政治教育科学化的进程。随着广大干部、群众和理论工作者的长期实践，"思想政治教育"的概念逐渐取代"政治工作""政治思想工作"等，与"思想政治工作"的概念同时使用，成为新时期一种比较统一的提法。自此，思想政治教育既有理论，又有实践，可以说是从一种自在的工作实践状态上升到理论与实践相统一的自觉状态。不过，应当指出的是，现阶段思想政治教育概念主要仍在高校思想政治教育领域内被使用，其他领域一般使用"思想政治工作""政治工作"等概念。

三、思想政治教育的其他学科视角

（一）教育学的知识借鉴

教学活动是教育学体系的关键要素之一。教学活动包括课程内容的总体设计，课程活动的主体与客体、教学目标、教学手段、教学达成效果等部分。教学活动将德育与智育统一起来，将教学触角伸出课堂、越出校园、深入社会。因此可以说教学活动的整个活动流程与教育学中关于教学活动的研究是不谋而合的，因此要将教育学中关于教育规律和教育活动的基本原理进行参考和借鉴，从而构建出优质、高水平的思想政治教育教学体系。

教育学为思想政治教育如何组建课程活动、开展实践活动提供了客观依据，并从教师角度入手揭示了教师如何规范地实施教学过程，学生如何高效地参与教学活动，以为教学活动打造一套可遵从的规范。要从教育学中的关注点，即通过德育来探讨内容、原则、方法和评价。教育学中关于教学方式的论述，和思想政治教育教学中开展的形式多样的教学活动，在具体过程中引导着学生将课本理论与实际结合起来，从而达到实践育人的目的。这一点也是与教育学相同的地方。

（二）心理学的相关依据

掌握心理学在教育中对人的影响是思想政治教育进行构建的基本点，这表明人们必须从根源上探讨如何通过构建教学体系使学生在教学的过程中养成所需要的思想政治品德，这一过程也可以反映出个体内心活动的变化和心理的起伏过程。在思想政治教育过程中，心理学的相关理论和方法能将学生思想品德的形成过程展现得淋漓尽致，深入挖掘如何构建切实可行的教学过程，可以揭示学生在教学活动中的知、情、意、信、行等方面的心理变化。在分析研究这一过程的基础上，要抓住内部规律，构建符合学生心理特点的思想政治教育规律。除了发现在教学实践过程中学生的思想品德形成的规律外，在这一过程中，心理学中的需要、动机和意识等，也为思想政治教育的研究打开了新的切入点，使构建的思想政治课的教学有了全面性与广泛性，能够经得住各门学科的检验。

（三）社会学的理论支撑

社会学是从特定层面、特定角度对作为社会主体的人，以及人与社会复杂的关系进行分析研究的一门学科。社会学的相关理论为高校思想政治理论课教学提供了一些理论支撑。

首先，在高校思想政治理论课的实践教学活动中，在校大学生通过走进社会来接受思想的熏陶，思想政治课的育人作用最直观的体现是大学生在实践教学过程中的社会化，这正好是社会学的主要研究对象。

其次，当代大学生进入社会参与到实践教学活动中，对其自身发展有诸多益处：一方面，提前熟知社会规则，掌握一定的社会技能与社会规范；另一方面，通过与社会相关行业人士的交流，可以获得一定的社会角色感悟，对社会的认知进一步加深，为以后踏入社会奠定良好的基础。可以说，这是大学生真正踏入社会的演练，在一定程度上能为大学生尽快适应社会生活提供经验。

最后，大学生在社会各类群体和组织中接受教育的过程、方法以及经验、教训为思想政治教育的理论研究提供了素材，增强了理论的可信度与说服力。

此外，社会学涉及社会生活的多个方面、多个领域，它研究的诸多问题如社区文化、社会整合等都对构建高校思想政治教育具有重要的参考价值。

第二节　思想政治教育的地位及作用

一、促进人的全面发展

社会的本质和人的本质是一致的，个人与社会在实践中实现了统一。习近平指出，教育强则国家强，教育是培养中华民族伟大复兴接班人的重要途径。教育可以提高人的劳动能力，消除由于分工给人的发展造成的局限，为人的身心发展提供了必要条件，孔子提出"有教无类"的主张，认为人人都有接受教育的权利，只有将教育普及化、大众化，国民素质才能普遍提高，正所谓"百年大计，教育为本"，人作为教育的产物，如果不接受教育，可能会永远停留在愚昧落后的未经开发的状态。促进人的全面发展，必须发挥教育的基础性和先导性作用，利用人口数量多的优势，将人口负担变为人才储备。

二、形成良好社会风尚

社会是历史的产物，也是人类进步的产物，教育的社会功能主要指教育对社会发展的反作用，生产力的发展水平制约着教育的发展水平，但教育又反过来促进社会生产力的发展，国家通过制定教育方针来发展教育，教育又反过来巩固统治，对社会的经济、政治等发展发挥重要作用。我国坚持科教兴国战略，坚持将"科学技术作为第一生产力"，坚持教育为本，将经济建设转移到依靠科技进步和提高劳动者素质的轨道上，加速实现国家的经济繁荣。《礼记》中曾记载，"建国君民，教学为先"，这体现了教育的政治功能。教育作为有效的政治资源，可以培养一定阶级所需要的政治人才，使其直接为统治阶级服务，实现受教育者的"政治社会化"，维系社会稳定。

三、增强文化自信的坚实保障

"文化"与"教育"相互依存、互为目的，教育是民族传承的基本载体，是精神培育和文化继承的重要渠道，一个国家、一个民族的强盛，总是以文化的兴盛为支撑。历史和实践反复印证了"人才资源是第一资源，是国家核心竞争力之所在"这一重要论断，我国将人才战略上升为国家重点战略，从娃娃抓起，优先发展教育，大力推动教育内涵式发展。教育作为国家的一项重要事业，核心作用在于价值塑造，人们要以教育自信建立道路自信、理论自信、制度自信和文化自信，要通过思想政治教育来增强文化自信，提高文化软实力，坚定对中华民族优秀传统文化的文化信仰。

进入新时代，我国社会主要矛盾转变为人民对于美好生活的需要和不平衡不充分的发展之间的矛盾。人民对美好生活的向往给思想政治教育带来了新的挑战，人民群众在精神生活层面有了更高的追求，思想教育在本质上是关于"人"的工作，对于这一重大转变，思想教育的主题也应随之调整，其不仅要满足人的精神需求，还要给予人们正确的思想引导，做好主流价值观的指导，将社会主义核心价值观作为解决问题、消除矛盾的行动指南，帮助人们正确认识"美好生活"并"撸起袖子加油干"，在美好的时代里积极创造属于自己的"美好生活"。党和国家要把握好"思想政治教育"这一生命线，立足新时代，适应新环境，满足新要求，带领人民群众努力奋斗，继续推进共产主义伟大事业走向成功。

第三节　高校思想政治教育的重要意义

一、高校思想政治教育概述

（一）基本内涵

广义上的思想政治教育，指一个群体为了巩固自己的统治、维护自身利益以及顾全大局发展而对其群体内全部成员的思想意识施加影响，通过灌输符合自身阶级统治利益的思想政治观点和道德规范等，使群体成员的思想道德符合阶级统治发展要求的思想道德标准。高校思想政治教育指高校教育者按照规定的教育机制和教育理念，采取一定的教育手段，根据社会发展的需求和教学目标的要求，对受教育者即高校大学生进行有计划、有目的、有组织的思想道德的教育和政治素养的培养。通俗来讲，就是对在校大学生的思想意识统一地加以影响，使其形成与社会发展所需的思想道德标准相符的思想观念、道德品质。当前我国高校为了获得相应的教育成效，将理论灌输法与实践教育法紧密地结合在了一起。

1. 思想政治理论教育

高校经常通过思想政治理论课的教学来加深大学生的思想政治知识底蕴。从目前来看，高校的理论灌输法不仅体现在相关的课程中，也体现在通过党组织推优及党员培养的方式进行思想政治教育中。

①对团员推优，安排学生学习党课知识，使其配合完成党内实践活动等，在思想政治教育的过程中使其完成由团员身份向党员身份的转变。

②通过对党员党内知识的培训以及定期召开党内学习会议等活动，一方面考核学生的思想意识和行为道德，另一方面强化学生的政治素养。这种教育方式一般以非固定课程教育的形式在高校大学生中开展。这些理论课程，不仅包含了马克思的基本原理、方法以及思想精髓的讲授，还包括马克思主义中国化的具体内容的讲授。从目前来看，高校理论灌输法的具体教学模式和环节包括理论的教授、学习、宣传和培训以及研讨等环节，是高校开展思想政治教育最基础、最高效的方式。

2. 通过实践锻炼法开展教育活动

实践锻炼法，简而言之，就是通过计划合理、目的明确的理念引导和组织高校学生参加形式多样的、能够提升其思想意识和道德素质的社会实践性活动。

高校在多样化的实践锻炼活动的选择中，既要顾及大学生的年龄特点、性格特征、学习能力以及不同年级等多方面因素，也要兼顾将适当的教学内容融入其中，以彰显实践活动的教育性。实践教育活动能够提升大学生的思想觉悟和认识能力，能够强化理论灌输教育的知识和内容，从而达到理论知识内化的目的。但是，为数不多的实践活动所呈现的教育力度和成效是微乎其微的，因此高校必须长期举行实践锻炼活动，如此才能使大学生在反复的锻炼中提升认识，并将认识内化为自身信念。

3. 提供咨询辅导

除此之外，高校思想政治教育的方式还包括咨询辅导法，该方法指教育者通过语言、文字等形式，并结合专业的科学理论和指导技巧，与受教育者沟通交流，对其进行思想启发和心理引导。

4. 高校辅导员的教育

辅导员是高校思想政治教育队伍的重要分支，对大学生的思想政治教育工作有一定的责任，全国高校严格按照 1∶200 的师生比例设置辅导员岗位，以确保大学生咨询辅导的质量。

（二）根本任务

党的十八大报告首次提出了"立德树人"，在这之后习近平也把"立德树人"作为高校思想政治教育工作的中心环节。习近平在十九大报告中再次强调持续推进教育"立德树人"的根本任务。

我国的国家性质决定了我国的高校是党领导下的社会主义高校，其应在党和国家发展全局的层面上开展大学生的思想政治教育，提高大学生对科学理论的认知感和认同感，培养大学生对国家的自信和责任意识，提升其政治素养，为社会主义现代化建设和中华民族伟大复兴的中国梦的实现提供坚实的力量。"立德树人"作为教育的根本任务，高度强调了高校德育的重要地位。改革开放以来，我国高校的发展非常迅速，科研成果不计其数，为社会、为国家创造了可观的经济利益。但同时，我国的很多高智商犯罪给社会带来的危害性不可小觑。

当今高校，对于学生的思想管理，存在一定的漏洞和误差，加之高校教育者更加侧重于科研成果，因此对学生的思想状况很难做到全面了解。如此，高校的思想政治教育与培养人的目标相悖。高校教育者应明确"立德"是"树人"的基础，应坚持"育人为本，德育为先"，让学生清楚地明白"要做事，先做人"的道理。

（三）主要内容

1. 世界观教育

人们对于世界的根本看法和根本观点，是人们对于人与世界的关系、世界的本质以及人的生存价值和地位的一系列基本问题的观念集合。高校大学生处于正确世界观树立的重要时期，教育者应用科学理论对其思想进行引导。马克思主义作为党的指导思想，同时也是党制定政治目标、确定政治方向的基础。我国的高校始终坚持红色旗帜的引领，因此，思想政治教育中世界观的教育就是马克思主义科学理论教育。其包括了辩证唯物主义、马克思主义认识论以及历史唯物主义等方面的哲学原理和方法论指导，还包括马克思主义中国化的具体内容。习近平多次强调，坚持以马克思主义理论作为社会主义现代化建设的指导思想，坚持不懈地进行马克思主义理论教育。大学生是国家未来稳定发展的重要力量，必须对其进行科学理论教育，提高其政治素养，明确其政治站位，为国家和社会未来的发展做准备。

2. 理想信念教育

这是高校必不可少的教育内容。党的理想信念就是共产主义，正是因为有着坚定不移的信念，我们党才能够克服一个个问题，取得革命、建设和改革的胜利，我们国家才能够应对一次次的挑战，在排除困难、解决问题的过程中，实现国家稳定发展。对于高校大学生，其也必须拥有坚定而正确的理想信念，如此才能在未来握好国家发展的接力棒朝着正确的方向不断前进。习近平在参观"复兴之路"展览时首次提出"中国梦"，并且号召全国人民共同努力实现共同的宏伟梦想。习近平勉励广大青年学生要树立革命和建设的理想，成为合格接班人。大学生是国家发展的中坚力量，关系着未来国家的发展，关系着能否实现中国人民宏伟的"中国梦"。

3. 爱国主义教育

爱国主义教育是国家稳定发展的巨大精神力量，是一种集热爱祖国、报效祖国、忠诚于祖国的思想、意志、情感于一体的社会意识形态的体现。在新的历史时期和时代背景下，爱国主义教育依然很重要。高校爱国主义教育主要体现在对党史、党情、国史和国情等方面的基本知识的学习，也包括民族团结和国家统一等国家安全方面的教育。习近平指出，爱国主义教育就是要不断强化大学生的爱国意识，使其内心对祖国有强烈的归属感。因此，爱国主义教育不仅有利于学生自身的发展，培养其爱国主义情怀，而且还关乎国家未来的前途命运，能够为未来稳定发展扎实根基。

4. 传统文化教育

一个国家的文化是这个国家的历史发展以及具体国情的体现，代表了国家的历史文化底蕴，是国家和民族的精神和灵魂。我国的文化经历了数千年的历史发展，是中华民族之根，我们要做到一脉相承，并将其不断发扬光大。高校的思想政治教育不能脱离传统文化教育，要让大学生在了解中华文化的基础上将其更好地传承。对于传统文化的传承，我们应当保持批判继承、推陈出新的态度，使中华优秀传统文化在当代青年心中生根，在新的时代里呈现出新的生机、焕发新的光芒。

5. 社会主义核心价值观教育

社会主义核心价值观作为社会主义价值体系的核心内容，不仅是一种社会价值理念，更是人们的行动指南。培养大学生的社会主义核心价值观，不仅是党的重大决策，而且是思想政治教育的重要内容，突出强调了大学生群体对于国家未来发展的重要性以及对大学生进行社会主义核心价值观教育的必要性。"勤学、修身、明辨、笃实"的社会主义核心价值观教育要求学生学好知识，提高自身道德修养，树立正确三观，明辨是非，并在实践中提升自己。高校大学生必须从现在做起，根据以上要求严格要求自己，并在未来投身到国家和社会的建设中。

二、高校思想政治教育的基本功能

这个基本功能表现为其对中国特色社会主义思想政治教育教学实践活动的保障功能，同时，它对培养大学生关于马克思主义的观点、立场、方法等，对其参与关于中国理想信念、价值、精神等的教学活动有重要作用。

（一）保障功能

高校思想政治教育教学对培养大学生的中国特色社会主义理想信念，掌握应用马克思主义的价值立场、观点，树立坚定的马克思主义信仰等教学实践活动的顺利开展具有重要的保障功能。

1. 师生顺利高效地完成教学任务

思想政治教学最重要的功能之一就是保障师生顺利高效地完成思想政治课的教学任务。它能够使教师更加深刻地掌握这项教学实践活动的本质和规律，能够帮助学生更好地掌握教学内容，能够帮助教师达到预定的教学目标和教学要求，从而取得良好的教学效果。

思想政治教育是人们认识该课程教学实践活动本质与规律的基础。思想政治教育教学是经过科学抽象和高度概括后的概念。人们通过对思想政治教育教学展开研究，来确立正确的、科学的范畴体系，从而获得对教学实践活动的更深层次的认识，这对师生顺利高效地完成教学任务有重要的保障作用。其具体体现在两个方面。

第一，它是体现思想政治理论课教学理论本质和规律的手段与工具，这一教学理论包含着已有的学科教学理论知识。通过思想政治教育教学的推演，师生对教学领域的种种关系产生了新的认识，归纳总结出思想政治教育教学过程中的新特性和关系，进而架构出新的范畴，产生新的理论。思想政治教育教学基本理论框架的发展创新是基于范畴的产生而形成的，而思想政治教育教学的产生和转化会对其教学理论产生新的影响。通过不断的研究和发展创新，人们对思想政治教育教学领域内的现象有一个新的认识，包括特性、关系，甚至是范畴等都有了不同的认识，这就促进了思想政治教育教学理论体系的完善和发展。

第二，它是体现思想政治教育教学实践活动本质和规律的手段与工具。思想政治教育教学对教学实践活动具有基本的导向作用，同时它又反过来指导教学实践的发展。思想政治教育教学对教学的思维方式具有引导更新作用，可以使教学思维与时俱进。教师在对思想政治教育进行研究、推演的基础上，推动了思想政治教育教学具体内容的产生，这实际上就是思维运动的结果，即通过对已经存在的范畴展开进一步的探索，促使其产生新的范畴并揭示其概念。这能为思想政治教育教学实践活动指明方向，确保师生顺利高效地完成教学任务。

2. 大学生树立正确的理想信念

思想政治理论课教学可以使学生完整地、准确地、科学地理解和把握马克思主义的科学理论，避免了其对马克思主义理论片面的、肤浅的理解，同时也可以避免或减少某些学生用个别结论、现象代替或否定马克思主义的价值立场、真理性等。通过思想政治教育，教师用科学的方法向学生讲授思想政治理论这一科学的内容，引导学生掌握科学的世界观和方法论，提高其在实践中运用马克思主义的立场、观点进行分析和解决实际问题的能力，并在实际运用的过程中不断加深对马克思主义理论的理解，从而牢固树立正确的理想信念。

人们借助思想政治教育教学将其实践过程中出现的种种现象、问题、关系都统一到一个有机体里，对其进行全面的、整体性的分析阐释，从而更好地认识和把握这一系统。通过思想政治教育教学指导教学实践活动，对保障大学生树立正确的理想信念有重要意义。

3.提高大学生的思想政治觉悟

思想政治教育是通过思维逻辑对具体的现象进行抽象化，而其功能则是把抽象的概念具体化，用以指导实践。换句话说，其就是从逻辑层面展现教学过程的系统性和整体性，从而构成了教学理论的基础。

思想政治教育的实践活动及相关的理论知识能够保障大学生提高思想政治觉悟及坚定正确的政治方向。目前，随着教学手段的不断发展，实践活动内容多样，形式各异。教学每一环节的产生、变化、发展，都对教学中的诸要素的位置、作用有明确的规定，它对教学的指导作用，是教学效果和目的达成的保障。

（二）方法功能

思想政治教育是一门对学生传授具体的科学知识的课程，其教学范畴在本质上是体现对教学过程的方法论指导。思想政治教育教学的方法功能主要包括三个层面，首先是思维中的概念辩证法和对客观世界的认知方法，这有助于解决大学生成长过程中的各种思想困惑；其次是思维的工具、认知客观世界的中介手段和体现思维的各个环节，这有助于促进大学生的全面发展；最后是对现实对象的本质规律和内在关系的摹写和规范，其能激发学生的灵感，有助于建设高校社会主义精神文明素质的基础工程。

1.解决大学生成长过程中各种思想困惑

思想政治教育的形成和范畴体系的构建，都是通过概括和抽象思想政治教育教学实践过程中出现的所有现象，包含一般的和个别的现象，进而形成教学中最一般、最本质的概念来完成的。高校思想政治教育教学的一般性在思想政治教育教学领域丰富的个别性中得到诠释和发展。同时，随着思想政治教育教学的发展，高校思想政治教育教学也需要不断整理和分析以及概括鲜活的高校思想政治教育教学中的各种现象材料。

思想政治教育作为高校思想政治工作的主要场所和阵地，与学生密切相关，承担着微观层面的解惑工作。思想政治教育是以思想政治教育教学为研究对象的，其是总结和概括这一教学领域内最本质、最基本的特点和规律的，这首先突出体现在其能为大学生遇到的各种思想困惑提供方法指导。思想政治教育教学不是简单地对学生进正面灌输和传播思想理论知识的过程，而是在学生的成长成才过程中给予其一个正向的引导和解决问题技能的培养，后一部分实际上就是对学生成长过程中遇到的难题困惑给予解答的一个过程。思想政治教育的特点决定了解惑这一方法功能的重要性。

在当代社会中，大学生的思想状况决定了这一范畴需要解决大学生的思想困惑。大学生正处于成长成才的重要时期，其思想价值观念处于成形阶段，其学习、生活、社会实践等都会给自身带来各种各样的困惑。只有对学生产生的种种困惑进行积极面对和及时解答，才能真正提高教学的实效性和针对性。面对来自各方面的问题和困惑，思想政治教育是逻辑的辩证思维，其要求及时、科学地解答学生产生的困惑，要求引导学生坦然面对，要求对问题进行全面的把握。

在教学过程中，教师除了对理论知识进行正面传授的课堂教学，还要重视在传授过程中时刻解答学生在领悟理论知识的过程中产生的困惑，这不仅有助于学生在更深层面上认识和把握理论知识，而且有助于增强教师在教学中的问题意识和提高教学的实效性、针对性。

2. 促进大学生的全面发展

思想政治教育教学作为联结教学过程中教师与学生的工具和手段，具有认知中介的功能，是促进大学生全面发展的重要方法。思想政治教育教学是教学主体和教学领域客体现象之间的桥梁和中介。它作为思想政治教育教学认知主体的工具和手段，在认识思想政治教育教学领域客观现象的本质和规律方面，发挥着重要的功能作用。

高校思想政治教育教学以培养德智体美劳全面发展的新时代新青年为目标，大学生的全面发展最重要的是其思想的发展。学生对世界的认识总是在不断地变化发展，只有对世界有一个科学、正确的认识，其发展方向才不会偏离。思想政治教育教学是具体与抽象的结合，以客观生动的内容为研究对象。

在新时代，面对日新月异的变化，思想政治教育教学是学生思维的工具和认识客观世界的中介手段，有利于促进大学生的全面发展。思想政治教育教学每前进一步，都是个别与一般结合的新环节。高校思想政治教育教学的方法功能体现在教师对思想政治教育教学实践过程中产生的各种个别和一般现象的本质和规律进行把握、引导学生的全面发展方面。

3. 促进高校社会主义精神文明素质基础工程的建设

思想政治教育教学是在教学领域客观存在的一般形式的反映，其抽象地概括了教学现象的本质规律和内在联系，是对高校思想政治教育教学实践的系统性认识，是对教学的本体论、认识论以及方法论的体现。思想政治教育教学的方法功能体现为对思想政治教育教学领域内各种现象的摹写，同时以语言、逻辑和体系的方式对思想政治教育教学理论展开研究。思想政治教育教学具有确定性和相对稳定性，但不是僵死的、固定的，而是永恒地运动着的、发展着的，故确定性要与灵活性、发展性相结合。

高校的社会主义精神文明首先体现在学生的思想政治道德素质上，思想政治教育作为培养学生思想道德素质最直接的方式，是高校社会主义精神文明基础工程的重要组成部分，提高思想政治教育教学水平和质量无疑是促进基础工程建设的重要力量。思想政治教育教学是对现实对象的本质规律和内在关系的摹写和规范，有助于提升高校的社会主义精神文明素质水平，能够为思想政治教育教学理论体系的宝库添彩。

（三）构建功能

思想政治教育教学的构建功能指构建、补充和完善其教学理论体系及规律认识的功能，是对教学过程中的最一般、最本质的基本规律和内在关系的反映。其能在教学过程中为系统地掌握中国特色社会主义理论体系奠定基石。

1.教学体系的重要组成部分

思想政治教育教学是思想政治教育学这门学科的重要组成部分，在学科发展的过程中占据着重要的地位，对由其研究对象、规律以及原理等构成教学理论体系的构建是其发展的迫切需求，而作为构成这一理论体系最基本的组成要素，是这一体系中其他诸要素、环节能够存在的意义。思想政治教育教学体系是一个有机统一的整体，每一个教学内容都是作为这个规律之网上的纽结而存在的。这一教学理论体系的构建必须以思想政治教育教学为基石，没有教学范畴，就没法谈论规律、原理等，而教学范畴体系具有整体性，任意一部分具体的内容都是整体中的局部，是连起整个体系的纽结，没有具体内容也就不能谈范畴体系。相反，教学范畴不能脱离理论体系这一整体而存在，孤立的范畴无法对思想政治教育教学的内在联系和基本规律进行完整的揭示。反之，只有在一个完整的理论体系中，教学的活动才具有实际意义。换言之，思想政治教育教学与思想政治教育教学理论体系之间是个体与整体、要素与系统之间的关系，思想政治教育教学与其教学的规律是密切相关的。教学规律和教学活动反映了思想政治理论课教学的本质和内在关系。教学的规律揭示了教学实践过程中各种现象的普遍联系，因此它反映着思想政治理论课教学过程各个侧面的实质和相互关系。

一方面，思想政治教育教学规律需要对其内容进行扩展和补充，思想政治教育教学过程中产生的各种现象之间的内在联系和本质及发展创新过程中的辩证关系等都可以通过范畴从不同的侧面反映出来，因而是高校思想政治教育教学理论体系的重要组成部分。

另一方面，思想政治教育的内容就是中国特色社会主义理论体系的重要组成部分，其教学就是系统掌握这一理论体系的主阵地、主渠道。思想政治教育教学是建构其教学理论体系的重要组成部分，能够为系统掌握中国特色社会主义理论体系奠定基石。

2. 培育和弘扬社会主义核心价值体系

思想政治教育教学的过程就是以马克思主义为指导，培养大学生形成马克思主义的价值立场、观点等，即培育和弘扬社会主义核心价值观的一个实践过程，这个实践过程毫无疑问需要理论的指导。这一教学的构建状况、发展状况和其水平有着密不可分的关系，它是思想政治教育教学规律的展开和体现，能够促进学生树立社会主义核心价值观，提高其自觉性。

而学生自觉树立这一价值观的能力与教师对思想政治教育教学展开研究的广度和深度息息相关，而学生价值观的形成与其对知识理论的认知、坚信有着重要关系，学生对马克思主义理论的认可度越高，对社会主义核心价值观的认知也就越高，那么价值观的树立和践行程度也就越高。思想政治教育教学改革在不断开展，教学实践活动的形式和内容也越来越多元化，教学的针对性和实效性的要求也不断提高。高校思想政治教育教学理论体系会随着思想政治教育教学活动的变化和发展而不断变化和丰富，并向着更高层次和水平发展。思想政治教育教学的构建方式和教学理论体系的构建方式也是相互影响的。

3. 构建与完善中国精神气质

思想政治教育教学体现了教学理论的基本构架，其教学理论体系建立在教学范畴体系的基础之上，教学范畴体系在一定程度上反映了基本教学理论体系的基本框架。只有运用这一思维工具进行高度抽象，得出的一系列关于基本理论的观点才能构成思想政治教育教学理论体系。而这一理论体系也只有借助范畴这一思维中介才能体现教学过程中产生的种种现象间的内在联系和基本规律。思想政治教育范畴是理论体系构建的前提和基础，其他所有的理论要素都要从范畴中得到，都是隶属于范畴体系的，是建立和完善理论体系的重要一步。

要想使思想政治教育教学理论体系有所突破、有所创新，就必须加强对其系统的研究。要有效地提升教学质量，就必须具备发达、成熟的范畴及体系，就要完善教学理论体系，使其指导教学实践，也就是说，范畴体系的完善度直接影响着理论体系的成熟度，是构成理论体系的重要标志。思想政治教育教学的研究目前还处于初级阶段，在广度和深度上仍有很大欠缺，距离精确化、科学化还有很长一段距离，人们要不断加强教学基本理论体系的研究。理论体系的具体内容是中国精神气质的重要体现。中国精神气质的养成是思想政治教育教学追求的目的之一，这是由我国的社会性质和社会主义矛盾决定的。简而言之，体系的形成是思想政治教育教学基本架构的体现及其走向成熟的标志，能够为构建和完善中国精神气质提供必要条件。

三、高校思想政治教育的指导意义

党的十九大以来，高校的思想政治教育工作发生了新的变化，高校致力于做好广大青年的思想政治教育工作，承担起思想道德建设、落实"立德树人"根本任务的新使命，从而通过培养新时代的优秀人才来实现中华民族伟大复兴的中国梦。

当今社会环境复杂多变，面对着西方各种意识形态的渗透，意识形态领域的建设是我们目前的重要任务。高校思想政治教育必须为中华民族伟大复兴服务，为其提供不竭的精神动力。

在新时代，意识形态领域的形势错综复杂，高校思想政治教育的重中之重就是坚定对马克思主义的信仰，坚定对社会主义和共产主义的信念，坚定对中国特色社会主义道路、理论、制度、文化的自信。高校应抓住青年价值观成熟的关键时期，为他们的成长成才提供健康良好的精神环境，营造主流的校园文化氛围，从而培养出能够担负民族复兴重任的时代新人。广大青年应有足够的文化自信，能够勇敢地同世界人民分享我国的优秀文化，从而加强我国与各国的文化交流。

从我国当前的社会生产力来看，其已经能够满足人民日益增长的精神需要，物质力量的丰富为精神生活提供了良好的现实基础，而且高校师生作为社会主义建设的主要力量，他们的精神需求会更加丰富，高校思想政治教育精神环境的建设要以高校师生的精神需求为着力点，要与高校师生的精神需求紧密相连，并且一定要起到某种程度的作用。

高校师生作为高素质人才，他们的思想较活跃，政治敏锐性高，尤其是青年正处于价值观的成熟时期，很容易受到西方社会思潮的影响，出现某些偏激的、不利于社会稳定的行为。因此，高校思想政治教育精神的环境建设应更加注重高校师生的精神需求，不断满足高校师生的发展需要，为其提供健康良好的发展环境，使其形成正确的价值观念和人生态度，坚定自身的政治信仰和追求。对于教师，思想政治教育的建设也十分重要。教师对学生的言传身教，在学生身上会潜移默化地体现出来，只有教师自身有着良好的自我修养和专业素养，有着坚定的理想信念，才有可能教出优秀的学生。

第二章 高校思想政治教育的理论依据

当今世界，各种思想文化相互碰撞。各种思想文化的比较研究，成为学术领域的一大景观。我国与西方虽在很多方面存在巨大差异，但在意识形态教育上仍有很大共通之处。从我国思想政治教学的历史渊源出发，在西方典型德育教育理论的分析中找寻对我国思想政治教学的启示，能够促进我国思想政治教学的发展。本章分为高校思想政治教育的理论基础、中西方教育思想和理论的启示与借鉴两个部分。主要包括马克思主义的理论基础、西方教育思想对于我国思想政治教育的启示等内容。

第一节 高校思想政治教育的理论基础

一、马克思主义的理论基础

（一）马克思和恩格斯

任何伟大的理论都不是凭空产生的，都是在前人的基础上发展形成的，都是对前人经验的总结和创新。

在马克思主义传统中，最早出现"宣传工作"的概念是在1847年，他们就在党章中提出了这一概念，还有如"政治宣传工作"等概念，这些都和后来的"思想政治教育"有着密切的关联。他们认为思想政治教育方法是最基本、最一般规律和原则的抽象和总结。马克思主义传统关于思想政治教育主要有理论联系实际、灌输理论、革命实践、运用党的报刊进行宣传工作等，具体体现在以下几个方面。

第一，理论联系实际。这是对思想政治教育根本方法的诠释。它是马克思主义最根本的方法，贯穿于革命运动的始终，也是马克思主义始终保持其生命力的关键所在。理论能否指导实践，能否发挥积极作用，不仅需要结合当时的具体情况，而且还需分析主客观条件，只有当理论符合实践发展的需要时，其才能最大程度地发挥自身的作用，指导实践的顺利开展。在高校思想政治教育活动中，要将思想政治教育的理论同学生的具体实际结合起来，只有这样才能使思想政治教育的效果达到最佳。

第二，灌输理论。恩格斯从教学方法的角度阐述了灌输理论。他们还多次使用"灌输"这个概念，并对其基本含义进行了阐述，丰富了思想政治教育的方法。

第三，革命实践。实践性是马克思主义固有的理论品格。实践也是检验真理的唯一标准，马克思、恩格斯在工人运动中，始终坚持让广大群众参与到革命实践中，切身体会科学社会主义的正确性。人民群众也能够在革命中提高自身的阶级意识和认知水平，从而为下一次革命奠定基础。

第四，运用党的报刊进行宣传工作。党的报刊是进行思想政治教育的重要载体，是宣传党的理论、思想、政策、方针等的重要渠道，是党进行思想政治教育的重要阵地。它必须掌握在成熟的马克思主义者手里，不能被他人利用，成为机会主义的牺牲品。

（二）列宁

在继承马克思主义传统的基础上，列宁结合俄国长期的革命实践，形成了一系列思想政治教育的重要论述。其主要有灌输理论、教育与劳动生产相结合、榜样示范法等，具体体现在以下几个方面。

第一，灌输理论。列宁在马克思、恩格斯的研究的基础上重新阐述了灌输理论。他强调工人阶级不可能通过自发的形式系统地了解和掌握社会主义思想、树立无产阶级阶级意识，需要通过宣传、学习、启发等方式获得。然而在革命的实践中，列宁清醒地认识到人民群众有主动性和创造性，这确立了人民群众的主体地位。

第二，教育与劳动生产相结合。这其实就是通过实践来进行思想政治教育。列宁认为，思想政治教育不能只停留在书本的理论知识上。实践是认识发展的动力，是检验认识真理性的唯一标准。其主张在劳动生产实践中启发和教育群众接受社会民主主义和社会主义思想。

第三，榜样示范法。榜样示范法是通过树立具有典型意义的人或事来促使受教育者进行模仿，从而达到教育目的的一种思想政治教育方法。列宁善于用榜样来教育、激励群众，他希望榜样的影响是全国性的、大范围的，通过榜样效应，让全体国民都来效仿榜样，从而提高全民的精神境界和素质。教师在思想政治教育中也要树立榜样意识，形成榜样效应，通过先进典型的示范作用，不断提高大学生的素质。只有这样，思想政治教育才能真正收到实效。

二、中国共产党历届领导的重要论述

我党历届领导集体关于思想政治教育的提倡也是不断演进的，在我国革命、建设和改革的过程中都发挥了极其重要的作用。

（一）毛泽东重要论述

毛泽东作为我党第一届领导核心，带领广大人民取得了新民主主义革命的胜利，完成了社会主义革命和建设，"毛泽东思想"正是在这种环境下形成的。思想政治教育的相关论述是"毛泽东思想"的组成部分，主要包括调查研究法、矛盾分析法、说服教育法、批评与自我批评、激励教育法等，具体如下。

第一，调查研究法。此方法是毛泽东在早期使用的一种方法，他认为制定方针政策不能只走马观花，还要下马看花。在湖南农民运动考察时，他充分利用了调查研究的方法，这为他撰写考察报告提供了很大帮助。

第二，矛盾分析法。它是毛泽东思想政治教育方法的一种，主要指在思想政治教育的过程中结合实际进行矛盾的普遍性和特殊性分析，坚持两点论和重点论相结合的思想政治教育方法。

第三，说服教育法。毛泽东在面对党内"左"倾错误思想时提出了说服教育的思想政治教育方法。1949 年他提出用说服教育法解决人民内部的矛盾问题。

（二）邓小平重要论述

邓小平非常重视思想政治工作，他关于思想政治教育的论述也是结合我国当时的国情提出来的。主要包括一切从实际出发、采取多种形式、群众路线、树典型等，具体如下所示。

第一，一切从实际出发。这是邓小平思想政治教育方法的重要内容。

第二，树典型。邓小平还十分重视先进典型的示范作用，他与列宁一样十分重视典型的宣传普及，不仅如此，他还注重经验的积累，强调在树典型的过程中要不断积累经验，树立能引起最大共鸣的典型。

第三，群众路线。群众是历史的缔造者，走群众路线、广泛发扬民主是中国共产党的优良作风。

（三）江泽民重要论述

江泽民同志对当时的高校思想政治工作进行了科学、准确的定位。他对高校思想政治工作的论述，在他的系列讲话中有充分的体现。他关于思想政治教育的重要论述主要有教育与生产劳动相结合、领导带头以身作则、运用信息网络技术、批评与自我批评等。

第一，教育与生产劳动相结合。德智体美劳全面发展是社会主义合格建设者和可靠接班人应该具备的。江泽民十分重视理论与实践的结合教育，希望通过这种方法实现人的全面发展。

第二，运用信息网络技术。网络是思想政治教育的最新载体，它传播速度快、内容多、受众广。在信息时代要充分利用网络进行宣传。

（四）胡锦涛重要论述

胡锦涛高度关注高校思想政治教育工作，并提出了一系列关于高校思想政治教育的重要论述，指出"培养什么人"和"如何培养人"是育人方面的两个终极问题。他有关思想政治教育的重要论述主要有熏陶感染法、说理引导法、五个结合、三个贴近、自我教育等。

第一，熏陶感染法。其主要通过教育环境和校园环境来对学生进行潜移默化的影响，熏陶感染，逐渐渗透，使受教育者产生共鸣，从而达到良好的教育效果。

第二，说理引导法。此方法形式多样，有讲解、报告、辩论、研讨等，通过多种形式的教育，向受教育者传递正确的理论，引导他们树立正确的"三观"。

第三，五个结合，三个贴近。其主要指思想政治教育要贴近实际、贴近生活、贴近群众。这是对思想政治教育原则的诠释，有利于高校思想政治工作的改革创新。

（五）习近平重要论述

习近平继承和发展了马克思主义关于思想政治教育的论述。

第一，因事而化、因时而进、因势而新是他对高校思想政治工作的新要求，也是他对马克思、恩格斯"理论联系实际"的继承和发展，这充分体现了理论不能止步不前，要联系中国社会发展的实际，要与时俱进、不断创新，如此才能解决当下的实际问题。

第二，灌输理论也是其重要观点。通过课堂教学将理论灌输给受教育者，这一点充分体现了他对马克思、恩格斯灌输理论的继承。

第三，他结合网络这个新兴媒体，创新了高校思想政治教育的载体，慕课、学习强国APP等的推出，正是他对思想政治教育载体纸媒"党的报刊"的发展和创新，这体现了其关于新时代高校思想政治教育的重要论述是与时俱进、不断发展的。

第四，不同时代有不同的英雄，习近平发展了"榜样示范法"，他在大力倡导学习雷锋、焦裕禄等榜样的同时，结合时代需要，树立了新的时代楷模，如屠呦呦、马云、马善祥等各行各业的杰出贡献人物。

总之，马克思、恩格斯、列宁关于思想政治教育的重要论述在当时的历史条件下是正确的思想和方法，为社会主义革命做出了巨大贡献。

综上，我党历届领导集体根据我国改革、建设和发展的具体国情，研究了思想政治教育的重要性。首先，习近平在继承历届领导集体"群众路线"的基础上，指出高校思想政治教育要以人为本，以学生为本，要提高高校思想政治教育的质量。其次，他提出"为谁培养人"这个关键问题。再次，他在运用网络技术的同时，将传统媒体和新兴媒体结合起来，发展了江泽民提出的要重视和充分运用信息网络技术的方针。最后，他在胡锦涛提出的"五个结合"的基础上，提出了高校思想政治教育要实现"全员、全过程、全方位"育人。

三、中国优秀传统文化中关于思想政治教育的重要论述

中华民族屹立于世界东方已有五千多年的历史了，五千多年的历史演绎了五千多年的人类文明，传承了五千多年的中华文化。优秀传统文化体现着古人在思想教育、道德教育、礼乐教育等方面的重要论述，主要分为三个层面：统治阶级灌输教育、乡里宗社教育、家常伦理教育。这些思想和方法在儒家、道家、墨家等学派的代表著作中得以呈现，在朱熹、王阳明、陆九渊等人的著作中得以发展，在各种文学典故中得以传颂。中国优秀传统文化中存在着许多思想政治教育的重要论述，如学思并重、为政以德、因材施教、省察克治、身体力行、循循善诱、改过善迁、有教无类、化民成俗、教育灌输等。其中最具代表性的有如下论述。

第一，学思并重。其指学习和思考要同时兼备，二者相辅相成，缺一不可。一味地读书而不思考，人会被知识的表象所蒙蔽，甚至会陷入迷茫。如果一味地思考，而不知道掌握知识，补充知识，则终究是沙上建塔，一无所得。

第二，因材施教。因材施教指教育者根据受教育者的特点施以不同的教学方法，力求获得教学效果的最大化。这体现了矛盾的特殊性，其要求人们具体问题具体分析。它是孔子思想政治教育的主要方法之一，在《论语》中，面对逞强好胜的子路和畏缩不前的冉有，当他们同时问到"听到了是否就去做"这个问题时，孔子鼓励冉有勇敢去做，却对子路说父兄尚在，如何能听到就去做呢？由此可以看出孔子根据弟子性格上的差异采用了不同的教学方法，这既锻

炼了冉有的胆量，也压制了子路的脾气，有效地发挥了思想政治教育的作用。

第三，身体力行。身体力行即实践，实践是检验真理的唯一标准。自己亲自去做某件事情，才能得到最直接、最真实的体会。古代进行思想政治教育的重要方法就是要求受教育者身体力行。这是新时代思想政治教育方法的重要理论渊源。

第四，循循善诱。即善于有步骤地进行引导，通过有步骤地引导来进行思想政治教育是一种非常有效的方法。学生能够在教师的引导下，循序渐进，由简入难、由浅入深，逐步提升自我修养。如今，循循善诱的方法仍可以为思想政治教育工作提供借鉴和参考。

第五，化民成俗。化民成俗也就是风俗感化，将思想政治教育的内容融入当地的风俗习惯、礼仪规范中去，通过长时间的熏陶和感化，使人们潜移默化地接受。统治阶级就是利用人们对风俗习惯的认同感和依赖心理，通过风俗的感化作用来传达思想道德观念。风俗感化可以说是古代最为普遍的一种思想政治教育方法。

第二节　中西方教育思想和理论的启示与借鉴

一、我国思想政治教育的历史渊源

我国自古以来便是礼仪之邦，对于思想政治教育的重视一直是有目共睹的。我国与西方各国在历史、文化、意识形态、政治体制等方面虽有较大差别，但在思想政治教育方面却有很多共同之处，如注重培养学生的礼貌、诚实、正义感、社会责任等品质。实现思想政治教育的教学目标不仅是为了促进学生人格的全面发展，而且是为了满足我国时代发展的需要。我国自古便是注重礼仪道德之国，在中国共产党的领导之下，学校更是注重思想政治教育。关于思想政治教学的历史渊源可以一直追溯到原始社会。

（一）原始社会中朴素原始的德育内容

在原始社会中，人在自然界中开始区别于动物是从开始使用工具进行劳动开始的。在人与人的交往中，伴随着集体生活中意识、情感、智慧的觉醒，人所独有的德行的萌芽也得以生长。其中包括人天生具备的集体生活的意识以及相互依存的集体精神。这种原始朴素的德育内容被北京师范大学黄济教授称为"生活式的德育"。

（二）古代中国思想政治教育

我国古代关于德育的内容可以概括为以下两点。

第一，德育与政治相联系。政治教育、思想教育、道德教育都与君权统治有很大的关系，如忠君报国的思想等。思想政治教育内容更多的是为政治教育服务的。

第二，道德教育内容已渐趋繁荣。先秦及之后的"百家争鸣"展现了非常丰富的道德教育内容。很多思想对现今发展也有极大的意义，如法家的"法制"、道家的"寻道"等。

（三）近现代中国的思想政治教育

近代以来，我国的思想政治教育开始呈现学科化的特点。清朝末年，在中国传统道德教育理念的基础上，资产阶级自由、平等、民主的思想不断地传入中国。在推翻帝制建立民国之后，公民教育开始出现，"公民"课也出现了。真正意义上的思想政治课是新中国成立之后产生的，其间经历了复杂的创立发展与改革创新过程。现今思想政治教学是我国学校进行德育的主要途径，是我国精神文明建设的基础和主要形式。我国思想政治教学致力于培养学生高尚的道德情操，帮助学生养成良好习惯，培养全面发展的人才，这符合我国精神文明建设的思想建设工作。

二、当代西方思想政治教育理论

西方道德教育和西方道德是不同的两个观念。西方道德与我国传统文化差异很大，但是西方道德教育中的很多观点却与我国的很多教育观点有相似之处。

（一）存在主义道德教育理论

布贝尔对教育和道德教育的研究重在研究教育过程中的人际关系。他觉得人际关系，即师生关系如果不改善的话，教育效率不会提高。他认为师生关系应是一种对话的交往关系，要建立一种区别于友谊、同情、恋爱关系的包容性的"我—你"关系作为正当的教育关系。教师对学生的良好关系建立的前提便是教师要有"师爱"。"师爱"的把握程度也是一种艺术，不可过于亲近，使教师丧失威严，又不可过于疏远，使学生感到被忽视。

（二）杜威的实用主义道德教育理论

杜威是美国历史上最有影响力的哲学家和教育家。在他的实用主义教育理论体系中，"教育即生长""教育即经验的改造和改组""学校即社会""做中学""以儿童为中心"等集中表达了他的教育思想的精髓。他认为教育是学生的学习和生活经验被不断改造的过程，学生能够接受的最好的教育就是从实际生活中学习、从成长经验中学习。学生的思想政治道德教育的最终目的是培养良好的公民。实用主义教育理论处处渗透着实用主义，其强调经验、重视行动、追求实用、尊重儿童个性等。这些与我国思想政治教学中所坚持的方向是一致的。

（三）斯宾塞的道德教育理论

斯宾塞提出的道德教育理论要求耐心对待儿童行为中表现出的不足之处，对儿童不要期望过高，对儿童不要过多管教，允许儿童在经验中逐步受教育；在教育儿童的过程中应少发命令，命令要果断；道德教育的目的是培养儿童的自治能力；不要经常干涉儿童的活动自由，应把道德教育作为一种理智的培养人的过程；道德教育的方法要不断改进，教育者要深入了解儿童，要针对具体时间条件下不同的教育目标采取不同的方法。

（四）胡塞尔的相关理论

埃德蒙德·胡塞尔在反思欧洲科学危机的背景下提出了"生活世界"的理论，他认为生活是科学的基础，科学最终应回归到生活中。另外，胡塞尔的"交互主体性"理论对于思想政治教育也有重要的启示。

第一，胡塞尔的"生活世界"与科学世界相对应。胡塞尔对生活世界没有给出一个明确的概念，他只是对"日常生活世界"进行论述，生活世界是可以被感知的多彩的生活世界。思想政治教育生活化也要立足于学生的生活世界，要关注学生充满无限可能性且具有教育意义的生活世界。教育者在教育过程中不能只把理论知识的"条条框框"教授给学生，要想使学生健康成长就必须使教育立足于生活，关注生活，要充分利用生活中的多种资源，开展丰富多彩的教育活动，促进学生的全面发展。

第二，胡塞尔的"生活世界"是人们交往的世界。胡塞尔认为人们在生活世界中的交往是相互的，其经过探索确立了在哲学史上具有开创意义的"交互主体性"理论。他认为人的交往是主体间的交往，主体间的互识和共识决定了科学世界的"客观性"。这种交往打破了传统的"主体—客体"交往模式，开启了"主体—主体"式新的交往模式，在这种交往模式下人与人之间的交往是平等的、可以相互影响的。思想政治教育的生活化就是要突出学生的主体地位，改变以往的教育者和受教育者"主体—客体"的传统教育模式，强调教育的"双主体"。双方在平等的基础上进行交流对话，这样可以让教育者认识到学生的独特性，同样也会使受教育者感受到自我存在的价值。

三、西方教育思想对于我国思想政治教育的启示

（一）存在主义道德教育理论对我国思想政治教育主体性问题的启示

教师与学生的交往关系影响着思想政治教学的方方面面，我们曾经的"重师轻生"观念不可取，但是"重生轻师"完全以学生为主的课堂也同样是不可取的。师生之间无所谓关系平等与否，严格对立、分离师生之间关系的做法也不可取。教师与学生应该是一个包容的交往交际关系。

教师与学生之间的关系在很大程度上影响着教育的各个方面。学生可能因为某位教师而对某门课程产生兴趣，进而提升成绩；同理，学生也有可能因为某位教师而厌恶某门课程，甚至是厌恶学习、厌恶学校。建立区别于友谊、同情、恋爱关系的具有包容性的"我—你"的交往关系，在教学中自然而然就不需要考虑谁更重要的问题。这非常值得我们在思想政治教育中借鉴。

（二）杜威的实用主义道德教育理论对于我国教育多元一元矛盾的启示

现今教育改革也一直强调学生在学校中要更多地与社会接轨，甚至是从小就应为其确定职业培养方案，根据职业规划对其进行有针对性的培养等。那社会对学生要求的多元化与现今教学的一元化之间的矛盾能不能通过实用性取向进行改善呢？学生或许在学校接受的还是比较统一的教育，但在学校的一元培养中融入社会的要求是有利于学生自身发展的，因为这是社会所需要的。学校教育更具体，更能使学生适应现实世界。

第一，教育即生活。学校对学生的日常生活应给予关注，学校的环境需要符合学生的特点，所以杜威强调"生活"是经过"处理"之后的生活，这里的"生活"虽然是经过"加工"之后的，但是人们同样可以体会到教学不能死记硬背，而是一个生活体验的过程，教学应使社会生活和学生个人生活结合起来，高校对学生的教育应从讲授向体验转变，应向生活"靠拢"，在转变教育方式的过程中增强教育效果。

第二，学校即社会。学校一定要与社会相联系。教育者应把学校变成小的社会，使学生在学校中体会、体验和感受社会的要求、需要和价值观，引导学生与社会积极互动，在交互中积累经验、吸取教训、掌握生活技能，以提高学生适应社会的能力。

第三，从做中学。"从做中学"是杜威在教学过程中得出的重要教学方法。其反对学生坐在课桌前死记硬背式的僵硬学习，强调要从"做"中有效地学习。杜威认为给学生现成的材料避免学生犯错是不对的，应给学生未经加工的粗糙

的材料。他认为，如果学生活动只是为了数学的特性，那么学生获得的知识只不过是技术而已。我们从中可以发现，杜威的"做中学"理论是对传统教学注重知识本位、忽视学生兴趣的反驳。生活化的思想政治教育就是要学生在生活中接受教育，亲身感受生活之美，让学生亲自去实践，从"听中学"变为"做中学"，并把所学理论与生活结合起来，提高自身的道德水平。

（三）斯宾塞道德教育方法对于思想政治教育生成性问题的启示

斯宾塞关于儿童道德教育的方法很简单，即有耐心。少发布命令，不以成人的眼光对待大人可以轻易理解、但学生很难理解的问题。但是在真正的课堂上，教师有可能会因为课本内容和课程标准要求，将学生提出的宝贵问题和值得讨论的一些片段给忽略掉。这显然是得不偿失的。这样教师的课堂形式即使富有新意、积极生动，也还是似传声筒、留声机，与其有着相似的性质。

学生的核心素养和全面发展，教师的与时俱进与专业化不只是宏观的理论层面的，更应是具体意义上的。思想政治教学是对人的教学，是对学生发展的教育，所以更应该从小处入手，像斯宾塞对儿童道德教育提出的要求一样，灵活细致，抓住课堂中突发的教育点，积极引发学生创造性、突发性的思考，让思想政治教学课堂中除了有活动引发的活泼场面外，还能够真正呈现灵活生动的一面。

当今世界，各种思想文化相互碰撞，通过博采众长，比较进步，才能焕发更加旺盛的生命力。当代西方道德教育理论思想活跃，且各有所长，对我国解决思想政治教学中的问题具有一定的借鉴意义，因此我们有必要将具体的认识与我国实际结合起来进行多方面的研究。但是无论是理论还是实践方面的研究，都需以包容、开拓的精神来看待，以务实、严谨的态度进行细致研究。这样才能批判地汲取有益成分，发掘出可用观点，真正获得创新性发展。

思想政治教学不同于其他学科的学习，它有明确的核心理念，是对某些思想内容的强化和灌输。因而很多思想政治教学课堂中经常会出现设计性过强、局限范围过窄的问题。21 世纪不可避免的经济全球化改变了人们生活的方方面面。

第三章 高校思想政治教育的现状

在新时代背景下，高校思想政治教育的现状呈现出良好的发展趋势，在很多方面都取得了突破性进展，同时高校思想政治教育也有了鲜明的时代特征。本章分为高校思想政治教育的特征、高校思想政治教育存在的主要问题、高校思想政治教育的特殊性三个部分。主要包括高校思想政治教育的社会特征和教学特征、高校思想政治教育教学矛盾显露、高校思想政治教育环境亟须净化等内容。

第一节 高校思想政治教育的特征

一、高校思想政治教育的社会特征

（一）现代化事业蓬勃发展

现代化建设带给物质世界的时空转换力度，还是不及对人们主观精神领域的影响。改革和发展唤起了人们内心深处对于物质欲望的满足。表现在社会上，就是经商热、创业热等，人们迫切想要成功；表现在心态上，就是轻浮、急躁；折射到大学校园里，就表现为大学生不重视基础，无法静心读书，学习动力不足；部分大学生放松了对知识的学习，厌学情绪盛行；还有部分大学生只关心眼前利益，耗费太多时间和精力去做兼职，从而浪费了宝贵的学习机会。

（二）多元文化背景

改革开放的求富实践，既引来了西方先进的科技和管理经验，也接纳了西方文化背后的价值标准和道德准则。传统与现代的碰撞，国际与国内的融合，导致国内出现了东方文化与西方文化、主流文化和非主流文化、传统文化与现代文化并存的多元格局，全社会逐步形成了思想观念多样、阶层利益多元、文化环境多变的复杂社会结构。在如此结构的作用下，许多对大学生影响巨大的社会思潮渐渐出现了。

（三）国际化环境

随着各国之间高等教育的交流与合作越来越广泛，思想政治教育作为高等教育的一部分，也势必会受到国际化发展趋势的影响。在高等教育国际化的背景下，各国的思想政治教育的内容虽然不尽相同，但其中心宗旨都是强调对各自国家、民族、文化、身份的认同以及对于他人、家庭、社会应尽之责任的承担。由于社会、历史、环境、人文的不同，所以思想政治教育实施的方法中西方迥异，形成了东西方鲜明的特色。

二、高校思想政治教育的教学特征

（一）客观性与主观性统一

思想政治教育教学是客观内容与主观形式的辩证统一，是对思想政治教育教学实践活动中的各种现象之间的关系，以及教学的特性、教学方面等本质的一般概念的概括和反映。思想政治理论课教学的客观性与主观性的统一体现在两个方面：一方面其内容来源是客观的，不能离开客观实在性；另一方面其从形式上来说是主观的，它是内容这一客观存在的反映形式，人们通过自身的主观能动性，对教学实践的具体内容进行能动的思考，对其进行能动的反映和改造。假使没有通过意识和思维对教学实践的客观内容进行主观创造，那么其也就无法形成。客观性和主观性统一在特定的思想政治教育教学实践活动中。

思想政治教育教学的客观性指其教学内容来自这门课程所研究的特殊领域的教学实践，包括具体的课堂教学和实践教学，且其所固有的本质和规律性是不以教育者的主观意志为转移的，思想、知识、行为，教师与学生，理论教学、实践教学、管理教学，理论灌输与情感共鸣等都是其主要内容，它们都从属于意识层面，但都不是由主观意念自主产生的。范畴体系的构建是从实践中产生的，是教学实践的结果，是对实践的科学分析，所以它不同于不以人的意志为转移的、独立于人的意识之外的客观实在性的物质的客观性。思想政治教育教学是对教学实践活动的本质和规律的反映。因此，从其范畴内容的来源和它建构的过程、趋势等来看，它都具有客观性。

研究理论问题时，我们需要充分调动人的主观能动性，人的主观能动性将思想政治理论课教学的研究领域中产生的具有客观实在性的原材料进行加工制作，这种加工制作就是通过人脑对客观实在进行理论思维的创造活动，使其在表现形式上具有主观性。

就如人们在讨论教学问题时，不能把教学的内容和反映形式割裂开来，只承认教学的主观性或者只承认客观性，都是片面的，都是错误的。高校思想政治教育教学是主观性和客观性的统一。

（二）导向指引下的整体性与教育教学的层次性统一

思想政治教育教学是维护好、发展好党的意识形态工作的重要途径，也是提高人民思想道德素质的重要手段和工具。思想政治教育教学是本学科理论体系中的基础，而理论作为人们在实践的基础上将对事物的认识由感性上升到理性而形成的具有前瞻性的教育内容，本身对教学实践活动就具有导向指引作用。导向指引性主要是针对两方面而言的。

一是对大学生的个人发展和其如何在社会实践中发挥自身作用起到导向指引作用，包括引导学生的思想观念、精神境界朝着全面发展的方向提升，增强学生的精神力量，在实际的教学中促进社会主义核心价值观同学生自身的思想观念和政治观点相融合，积极引导和帮助学生自觉接受并树立社会主义核心价值观，引导学生为实现伟大复兴的中国梦而努力等。

二是为教学实践活动提供一个客观的标准，对思想政治教育教学的改革发展起到了指引作用，促进了教学理论的创新与发展。思想政治教育教学的导向指引是实现教学目标的关键，其既是促进社会和个人全面发展的重要推动力，也是马克思主义理论与时俱进和教育多样化发展的需要。

整体性在思想政治教育教学中首先体现在教学中的每一阶段和环节中，其次体现在教学内容的整体性上，思想政治教育是向学生传授马克思主义理论知识，这一理论具有完备的逻辑体系和框架，其发展历程也具有整体性。在思想政治教育教学的导向指引下的整体性主要表现在以思想政治教育为教育教学的内容并引领教学的正确方向，而这门课程本身就具有完整性，在教学过程中首要的是让学生认识和了解这门课程、教学内容及其思想的整体性，而不是对某一部分具体的知识点进行深挖，因此对的构建应坚持完整性这一特征。在教学过程中，不应把了解某一具体知识作为教学的第一要务，否则学生将无法掌握这一教学内容的核心，更无法对知识、思想进行内化。

思想政治教育是一门兼具系统性、完整性的课程，教师可将各种性质类型的教育教学因素整合到教学过程中，并引导学生把感性认识或零星观点转化成一个整体，在这个教学过程中，最重要的一点就是要使学生将马克思主义理论的价值立场、观点等的认识转化为信念，因此教师在教学过程中一定要重视对整体性的把握，而对思想政治教育教学的构建理应体现整体性这一特征。思想政治教育教学从根本上来说，也是思想政治教育范畴体系的重要组成部分。其与思想政治教育范畴体系一样，在德育教育教学，培育大学生树立正确的人生观、世界观、价值观的过程中发挥着指引导向的作用。这一范畴系统是一种思维形成的存在，是由不同的要素、层次构成的一个整体结构，其变化发展集中地体现了辩证逻辑整体的运动过程。在运动过程中，不同的要素、层次之间，整体与层次、要素之间，整体与外部事物之间都有着各种联系。思想政治教育教学作为一个学科体系的重要组成部分，必然要通过思维形式来系统地反映其包含的内容，使教育者和受教育者从中获益。思想政治教育教学体系从本质上揭示了各个范畴之间的运动轨迹和规律。因此，我们不能孤立地研究其具体内容，要从系统到要素和层次，从整体到局部，从全体到单一地进行研究。

思想政治教育教学的层次性表现在这一教学既然是一个教育教学的整体系统，那么其间必然具有教育教学的局部层次。思想政治教育教学体系的划分是依据逻辑思维的组织、推演及运行规律进行的，进而形成由起点、中心、中项、成效和终点等构成的这一具有逻辑性和科学性且合理有序的范畴体系。高校思想政治教育教学是围绕中心范畴，然后从起点范畴开始，经过中项范畴、成效范畴，最后到达终点范畴的动态运动和发展变化的过程。这个过程动态简洁地揭示了高校思想政治教育教学体系中不同要素和层次之间的内在联系及运动变化的本质规律。思想政治教育教学的整体属性决定了其不能被孤立地反映，只有体系完整、各要素层次分明、各部分合理有序地联系在一起，才能科学地反映思想政治教育教学的本质规律。正是由于高校思想政治教育教学的整体性特征，所以其结构与层次之间彼此关联、相互作用，这主要表现在两方面：一是系统与要素环节具有稳定的关联性，即其范畴体系中的各个具体范畴均有固定的位置和作用等；二是层次与层次之间具有关联性，即这一教学内的每一逻辑层次之间都是彼此相连的，具有逻辑规律的关系。正是这种系统与要素、层次与层次之间的关联性，使得这一教学体系的结构成形，并具有稳定性。关系是结构得以存在的前提，也是构成系统的基础，而只有系统内各要素能够保持稳定才能形成彼此之间稳定的关系，任何事物的整体性质都是通过每一部分之间相互依存又相互制约的关系来体现的。

在思想政治教育教学体系中，整体与任一层次、层次与层次之间都有着相互制约与依存的关系。思想政治教育教学不仅具有导向指引下的整体性特征，而且还具有教育教学过程中的层次性特征，把这一系列的动态联结为合理有序、层次结构分明的有机统一整体，就形成了体系。综上，思想政治教育教学具有导向指引下的整体性和教育教学的层次性特征。

（三）绝对的科学性与相对的利益性统一

思想政治教育教学的科学性在于其所概括和反映的内容即思想政治教育教学的科学性，思想政治教育教学通过教学实践活动使学生形成社会所需要的思想政治道德。马克思指出，在无产阶级社会中，就是要让社会成员的能力得到充分的发挥，而思想政治教育就是遵循着这一观念展开教学活动的，以期通过教学使学生的思想水平得到最大限度的提升。社会的发展及其实践活动都需要理论的指导，理论是发展的动力，缺乏理论指导的实践是无意识、盲目的，社会的发展改革只有在科学理论的指导下才能得以实现。马克思主义理论是被实践反复检验过的科学的、正确的理论，是人们认识世界、改造世界的重要武器，思想政治教育教学实践活动以马克思主义理论为基础，向学生传授其价值体系、立场、观点等，就是在马克思主义理论的指导下展开的。这一教学的科学性还体现在其具有的客观实在性和规律性上，即其反映的是思想政治理论课教学特殊的研究领域——思想政治理论课教学实践活动的特殊矛盾运动及其本质规律。在任何历史时期和政治体制下，普遍性是思想政治教育教学实践活动的特殊矛盾运动及其本质规律的一个基本特征。所以，客观性和科学性就构成了思想政治教育教学内容的基本特点。任何历史时期和任一体制下的意识形态教育，基本都客观地反映了其内在的本质和固有的规律。它的科学性是绝对的，这一教学实践在一定的具体条件下具有相对不变性。列宁认为，辩证唯物主义强调的是要承认真理的客观性和绝对性，且真理是正确揭露客观物质的本质和规律的，因此，承认这一教学的客观性就是承认它具有绝对性。

而思想政治教育的利益性指其本身具有的阶级性和意识形态性。其具体达成的目标和服务的对象是由统治阶级的阶级性质和立场决定的。马克思历史唯物主义观认为，全心全意实现最广大人民群众的根本利益就是马克思主义政党鲜明的政治立场。毋庸置疑的是，为无产阶级政党和广大人民群众服务是社会主义国家思想教育的宗旨。

一是思想政治教育教学在这门课程教学实践的基础上，既包括对原有教学内容的修正，也包括在现有的基础上更新内容，任何事物的产生都摆脱不了现实的因素，范畴也不例外。这一理论体系的构建会受当时的实践影响，其结构体系是对当前教学实践的总结、归纳和抽象，不能对未来的教学实践进行完全准确的判断，故当前的范畴反映的内容是相对的，并不是绝对的。

二是马克思主义认为，范畴是运动、变化和发展的。思想政治教育会不断地进行改革发展，其教学内容会扩大，方法会增加变化，人的认识能力和水平也会随着对事物的不断认识而不断提高，进而会有新的观点出现。

三是正如辩证唯物主义观点强调的那样，事物在实践中是矛盾的状态，是不断变化发展的，会呈现出相互对立、相互依存的状态，并能够辩证转化，即此时对立、彼时统一，这就是事物的一个过渡性和相对性特征。而思想政治教育教学的相对性就是对其教学实践中的基本矛盾运动及转化的反映。因此，思想政治理论课教学之间是能够辩证转化的，具有相对性。

由此可见，思想政治教育教学是绝对性和相对性的统一。高校思想政治教育教学所具有的绝对的科学性不是完全独立存在的，而是通过相对的利益性变现出来的。从列宁的观点来看，如果人们只承认高校思想政治教育教学的绝对性，而否定高校思想政治教育教学的相对性，那么后果就是使人们思想的僵化；相反地，如果只承认高校思想政治教育教学的相对性，而否定高校思想政治教育教学的绝对性，那么就会导致诡辩论的出现。由此可见，高校思想政治教育教学是绝对的科学性与相对的利益性的内在统一。

（四）实践性与认识性统一

通过实践和认识，人们将在教学实践过程中得到的原材料运用头脑的主观理论思维使之形成最初认识，然后在最初认识的基础上进行反复推敲，分析研究，总结归纳出教学实践的内在的、本质的特征和现象，进而对这些现象的普遍联系进行分析研究，得到各种现象的内在联系和共同本质。其实践性表现在两个方面：第一，源于思想政治理论课教学实践并服务于思想政治理论课教学实践。第二，其对培养大学生正确的马克思主义价值立场、方法、观点等具体的、现实的教学实践活动具有指导作用，是影响教学目的和教学效果达成的重要因素。

高校思想政治教育教学在本质上是教师与学生之间不断实践、不断提高认识，再用认识指导实践并得出新的认识的过程。教师的教与学生的学就是构成这一特殊教学实践的统一结合体。思想政治教育教学作为党的指导思想的重要宣传阵地，始终反映中国特色社会主义的建设发展这一实践活动，其对这一实践活动中出现的种种问题展开理论研究，价值指向是引导学生掌握科学理论，坚定理想信念和提升思想素质。所以说，教学的根本属性就是实践，其从实践中得出，也反作用于实践，为实践做指导。基于思想政治理论课教学实践活动而展开分析研究的思想政治教育教学也是实践和认识的统一体，具有实践和认识的统一性特征。

思想政治教育教学追求的最重要的价值体现在其能对培养大学生的马克思主义理想信念的教学实践产生指导作用，这表明其与培养高校大学生的思想政治修养和德育教育教学的现实的教育实践是紧密结合的。具体体现在通过范畴对教学实践进行指导，这有助于学生对教学实践活动产生正向的思想认识。因这一理论的形成与发展都源于其实践，所以思想政治教育教学中的研究人员可以在实践中检验理论的正确性，增强对理论的认识。

思想政治教育教学是实践和认识的支点，不仅因为它是教学实践活动的产物，还因为它是教学实践与理性认识活动的产物。思想政治教育教学的实践活动形式越多样、内容越丰富、层次越深入，能够体现的内部的、本质的联系就越深入，从而就更容易形成更深刻、更精确、更科学的体系。

第二节　高校思想政治教育存在的主要问题

一、高校思想政治教育教学矛盾显露

教育改革、教育创新一直是教育工作者的职责和使命。在我国经济发展新常态、中国特色社会主义进入新时代的今天，思想政治教学中的很多问题也逐渐显现。不只是时代与外部发展变革给思想政治教学带来新的挑战，思想政治教学自身也存在一些矛盾。只有矛盾凸显、问题暴露，人们才能在问题的解决中实现新的完善和进步。

（一）教育模式面临退化

习近平意识形态工作论述是在不断总结我国历届领导集体关于意识形态重要论述的基础上，结合我国实际国情与时代背景形成的，充分体现了高校思想政治教育教学极具时代特色的创新性和与时俱进的特征。这样的时代性特征于高校而言应体现在教育模式的与时俱进上。一方面，习近平意识形态工作论述的网络论述表明网络已经成为意识形态斗争的重要战场。大学生作为时代先锋产品的追随者，必然会受到网络信息的干扰和迷惑。在这样的现实背景下，已有不少高校反映时代的要求，建立起网络思想政治教育平台，但仍然有部分高校疏于网络思想政治教育平台的建设和发展，甚至有部分高校并未体会到网络教育的重要意义，依旧保持传统的课堂讲授教学模式，使得教育模式逐渐老化，无法吸引学生注意力、激发学生对思想政治相关内容的学习兴趣。对此高校应及时反映时代要求，进化其教学模式。另一方面，目前高校思想政治教育课程

内容相对独立，"大思政"教育模式还未健全，未能全方位地将思想政治教育的相关理论渗透到高校教育教学过程中。

（二）教学主体发生变化

我国思想政治教学的主体现今正处于一个变化的过程之中，尊师重道是我国教育的传统形式，从我国古代延续至今的传统观念决定了教师地位与学生地位的不平等性。在新时代教育和社会新要求的促使下，我国的教学主体逐步由教师向学生转变。教师如何开展教学，如何认识学生、对待学生，这些都要体现学生的主体性。学生不仅是学习的受体，而且是发挥主观能动性的主体。在思想政治教学积极倡导以学生为主体的大背景下，各学校应积极开发新的教学模式以改革取代旧的教师主导的教学模式，"翻转课堂""微课"教学、"慕课"教学等都是这一变化的体现者。这其中就存在一个"度"的问题。思想政治教学内容的特性、教学科目的特点、学生年龄特点、学习能力等决定了其改革应是有针对性的，而不是盲目、仓促的。

（三）教育对象思想杂化

高校思想政治教育的顺利开展，需要多方的协同发力，其中最重要的就是教育者和受教育者双方的共同配合，在双向互动中完成教学任务并达到教学目标，因而大学生自身的思想状态也是影响高校思想政治教育成效的重要原因之一。当前高校大学生的思想意识和政治态度存在一定的问题。

第一，大学生缺乏对思想政治科学理论的真实信仰。调查结果显示，大部分学生表示自己对高校思想政治课持积极主动的态度，但由于我国高校的教育体制以及国家选拔类考试大多倾向于应试教育，因而教育存在重智轻德的现象，学生所表现出来的对思想政治教育积极的学习态度，绝大多数是为了应付考试或修学分，并非发自内心地接受思想政治教育知识，也并非真正信仰马克思主义等思想政治相关科学理论。教学模式和教学方法单一枯燥，与实际联系不紧密，造成了学生对思想政治教育相关科学理论"不实用"的心理暗示。

第二，大学生缺乏高层次的理想信念。随着改革开放的不断深入，社会的利益格局出现了深刻变革，人们对于自身利益的追求更为迫切。这是特定历史条件下社会发展的必然结果。值得注意的是，少数高校大学生囿于思辨能力和知识储备，受社会环境的驱使，更多地将自身利益缩限于个人的物质利益，将自身的发展置于国家和民族的利益之外，抛弃了对高尚理想信念的追求。大学生实现职业理想的目的是追求更好的自身利益和自身发展，这仅是低层次的自我理想，并非为社会主义事业的建设贡献力量的伟大追求。

第三，大学生价值观存在偏差。当前，大学生受西方思潮影响而产生的享乐主义、个人主义等负面思想以及在社会主义市场经济影响下而产生的功利主义、利己主义等思想，与我国所推崇的优良传统精神相违背。部分大学生受多元化价值观和思想的影响，出现了奢侈浪费、攀比心理过重等问题；也有部分学生作为学生干部官僚气息过重，思想腐化，为学生服务的意识较弱。

（四）教育内容陈旧

习近平关于意识形态的工作论述彰显了时代化的特质。对高校而言，时代化是思想政治教育的内在要求。高校向学生讲授马克思主义基本原理以及马克思主义中国化的内容，尤其中国化的马克思主义，是马克思主义基本原理在中国时代化背景下的产物，彰显了强烈的时代特性。然而，从教育实践来看，高校思想政治教育在内容上并未充分反映和回应时代要求。

尽管当前大多数的高校能够及时传达重大会议精神并及时更新思想政治教材内容，但仍然有部分高校忽视这一工作，这导致思想政治教育的内容依然是陈旧的理论，没有体现出时代化的特点，学生缺乏对国家新政策及会议精神的正确认识。高校思想政治教育教师应具有较强的政治敏锐性和觉悟性，应巧妙地将时事政治的内容穿插到思想政治教育的课堂中，引起学生学习的兴趣与共鸣。

（五）教学形式"以活动促动机"

教学内容的落实、教学任务的完成需要一定形式的课堂或者其他教学方法来实现。近年来学校教育开始注重以学生为主体，课堂形式的重心开始转为与学生交流讨论。为激发学生学习的动机，学校开始用一些奖品、积分等来激发学生的积极性，期望以此来激励学生认真地学习知识、提高能力。其中活动式教学法作为一种比较新的教学方式得到了很多学校的推崇。但是在具体的活动过程中也需要注意"度"的问题。活动是激发学生兴趣、培养学生独立动手能力的好方式，可是如果在课堂中，滥用活动，往往会本末倒置，引发负面效果。如在政治课程中，新教材中插入了法治方面的内容，对于这一教学内容，课堂开展活动往往会用一些新的情景剧与图片等。这显然不适合普及或宣传严肃理性的法治知识。而且在高中升学压力较大以及课程学习任务较为繁重的阶段也不适合开展长时间高频率的活动式教学。因此，在教学形式的转变中，关于教学内容中的一些有针对性的问题还需进一步完善。关于用活动等新颖形式激发学生学习动机的问题也需要进一步探讨。

二、高校思想政治教育观念有待创新

观念作为行动的先导，在不同的时代背景下所体现出来的内容不尽相同。在新时代背景下，一些高校教育工作者在教育过程中所表现出来的传统的教育观念，相较于当代热衷于追求新颖事物的年青一代，显得格格不入。

首先，部分教师对于教学过程中的模式和方法依旧是保留着传统教育的老套观念，对于运用新媒体、网络教育等学生所热衷的时代化产物接受度相对较差，无法在教学过程中很好地运用，进而充分发挥出教育的影响力。习近平意识形态工作论述所体现的科学观点和方法，是时代化背景下全党集体智慧的结晶，是在面对我国意识形态领域出现的新情况而做出的实事求是的正确思量和果断决策，正是因为其内容充分体现了时代化元素，所以才能更有针对性地处理和应对我国意识形态领域内的各种问题和挑战。同时，高校应注重创新以人为本的教育理念。当前高校思想政治理论课大多以"百人大课"的形式开展，教师无法关注到学生的个体思想需求，这降低了高校思想政治教育的实效。因此，高校思想政治教育者应多从时代化教育以及新受众思想行为的特点入手，因材施教、实事求是地进行教学模式的创新思考。

其次，部分教师依然保持传统师生关系的旧观念，未能随时代的发展建立起新型的平等师生关系。其在教学过程中常以严肃的形象和话语威慑学生保持良好的课堂学习状态，学生有疑惑而不敢言，这无法形成教育的良性互动。高校思想政治理论课的内容本身就很枯燥，加之师生间互动交流太少，使得思想政治教育的亲和力和说服力得不到彰显，加深了学生对思想政治理论课枯燥刻板的印象。这也是影响思想政治教育成效的另一重要因素。

最后，在"课程思政"教育模式的落实过程中，部分高校存在形式主义的问题，教师在教育过程中未能将思想政治知识内容有机地融入专业课程中，导致思想政治教育与其他专业课仍然是两个独立部分的窘况。

三、高校思想政治教育机制有待完善

健全且良好的机制是高校思想政治教育工作获得最佳成效的有效保障，可见健全的机制对于高校思想政治工作的重要意义。

（一）高校思想政治教育课程机制不完善

根据数据调查结果可知，90%的大学生通过高校思想政治教育课堂接受思想政治知识，由此可见，高校思想政治理论课对学生有极大的影响。但调查结果显示，部分高校对于教材的更新和最新政策、最新会议精神的传达不是很及时，这就造成了思想政治教育内容以及会议精神内容传达的延时。作为思想政治教育的"主渠道"，高校思想政治理论课应及时将马克思主义中国化的最新理论成果加入教材、贯穿课堂并使之扎根于学生心中。同时，前文所提到的，"课程思政"存在形式主义，同样是由于思想政治教育课程机制不完善，对"课程思政"的开展没有明确的制度规定。

（二）高校思想政治教师队伍考核机制不健全

高校思想政治教师是对大学生进行思想政治教育的主力军，因此高校务必要完善对思想政治教师工作内容和教育成效的考核机制，如此才能敦促其更好地开展教学。目前，高校对于思想政治教师的考核重点依然是科研项目以及论文发表数量等学术方面的内容，而真正作为思想政治教师核心工作内容的育人成效考核以及自身思想素质、知识理论水平的考核却没有明确的制度规定。高校协同育人机制不完善。当前高校思想政治教育队伍的主要力量来自思想政治教师以及辅导员教师队伍，并未做到全员育人，协同育人机制流于形式而未能确切落实，高校教育教学与思想政治教育的衔接度和配合度不高，无法凸显高校思想政治教育在高校育人工作的重要地位。

（三）高校思想政治教育网络化机制不健全

作为时代化背景下的新产物，网络以其便捷、迅速和高效的教育特点，成为思想政治教育的重要载体，不仅能够延长教学过程，同时还增强了教学效果。但高校在对其运用和监管的过程中缺乏相应机制。一方面，从调查结果来看，一半的大学生对于学校是否开设网络思想政治教育平台并不清楚，可见高校思想政治教育对于网络的运用及管理并没有深入学生的内心，网络思想政治教育平台形同虚设，高校对其的运用和管理流于形式而非充分发挥其促进教育发展的作用，学生的认可度和接受度相对较弱；另一方面，习近平意识形态工作论述中的网络论述强调了网络对意识形态工作和建设的重要性，而高校思想政治教育更应该关注到网络的正负影响，在利用好网络的同时，也要注重完善网络防御机制和舆情预警机制。目前高校对于校园网络的监管还没有形成成套、合理且科学的监管机制，对于校园网络疏于管理。在 2020 年疫情期间，各大高校大规模地运用起网络教学平台进行线上教育，这次的疫情成为网络进入教育教学的助推器，但不免看出各级各类高校在面对疫情的出现时将网络运用于教学方面的仓促和生疏，可见高校在日常生活中并未建立健全网络化教学的体制机制。

四、高校思想政治教育环境亟须净化

（一）社会环境

从社会方面来看，一方面，改革开放的深入以及全球化趋势的不可逆转，致使众多西方资本主义国家所谓的自由、民主思想涌入我国，部分民众受其影响，言语和行为都表现出"国外月儿圆"的思想趋势。同时，改革开放的不断深入也造成了我国利益格局的嬗变。高校大学生的知识储备和思辨能力受限，受社会中西化思想的影响，对西方的政治、文化和社会环境都充满了好奇和向往，表现出较为强烈的兴趣。另外，社会利益格局的变化也使得高校大学生的逐利目的更强烈，其在三观还未真正建立的阶段受到如此的大环境的影响，必然会对思想政治教育的内容产生疑惑，呈现出理想信念模糊的状态，这严重妨碍了高校思想政治教育的顺利推进。另一方面，不良社会风气、道德失衡的现象和因素给思想政治教育带来了巨大挑战。社会的不断进步和发展，人们的思想也随之有了潜移默化的改变，社会各方面因素的嬗变导致人们的思想问题也日益凸显，给思想政治教育带来了巨大阻力。社会中诸如此类的不良思想和行为，与高校所开展的思想政治教育内容形成了鲜明的对比，高校大学生思想意识尚未成熟，严重干扰了学生的认知，造成学生对思想政治教育内容与现实情况产生了矛盾的心理，对思想政治教育内容和德育内容产生疑惑，阻碍了高校思想政治教育工作的开展。

（二）校园环境

从校园方面来看，高校学生的学风以及学生工作的作风存在着影响思想政治教育的消极因素。近年来，大学生在学习中也表现出强烈的功利心，如部分高校学生为了获得各种奖项，学术造假的事情常有发生，这给高校的学风造成了极大的负面影响。此外学生干部的工作作风也受功利主义、个人主义以及社会家庭环境的影响，出现趾高气扬的办事态度，缺乏服务意识，丢失了作为党员和学生代表的理想信念，影响了学生干部队伍的整体建设，间接影响了高校思想政治教育工作的开展。

（三）家庭环境

从家庭方面来看，一方面，学生家庭成员错误的政治站位和思想意识会直接冲击学生的思想，对高校思想政治教育工作的顺利推进提出了考验。这对高校思政教育而言无疑是巨大的挑战。另一方面，家庭成员的一些非科学的行为也会对大学生的思想产生影响。如家庭成员定期参加或举办一些封建迷信的非科学活动，令学生产生思想政治学习内容与生活现实极其矛盾的心理，极大地冲击着学生的思想，这对高校思想政治教育而言无疑是巨大的挑战。

第三节　高校思想政治教育的特殊性

一、教育环境复杂化

互联网信息技术的发展打破了空间限制，拉近了世界的距离，给人们创造了良好的虚拟交际环境。在这种情况下，大学生在人际交往方面的问题也开始显现，如心理信任危机甚至是人格障碍等；大学生获得了休闲娱乐、情感宣泄的平台，但是这也成为各种病态人格以及网络犯罪的土壤；当大学生处于这越来越丰富却暗流涌现的环境中，高校思想政治传统灌输式教育的影响力以及社会舆论的制约力正在逐渐减弱，高校思想政治教育的引导和规范难度越来越大，整个教育环境更为复杂。

二、教育对象特殊化

在教育者的施教过程中，教育对象是接受客体。在接受、实践教育者所传达的内容时，他们又成了主体。其从主体的视角，体察教育者开展的教育活动所表达的意义，并接受、诠释、理解、选择、内化。理论的刻板说教者和政策的简单传声筒都不再受现代大学生的欢迎。通过单纯的文本、语言进行思想政治教育的传统形式，由于不够立体，过于单调，无法激发教育对象的兴趣，不容易被教育对象深刻地认同、内化，并主动传播。

在高校思想政治教育工作中发挥教育对象的主客观统一作用显得尤为重要。教育者不受时间、空间限制，教育模式与途径也更为现代化、信息化、多元化，这为教育工作者引导教育对象由被动接受教育转变为主动参与教育过程创造了可能。教育者与教育对象保持双向互动、沟通交流的状态，有利于大学生认识到自身的主体性，促进大学生真正内化教育内容，实现自我提升与完善。

高校在进行思想政治教育的过程中，应重点发挥教育对象的主观能动性。教育对象的主观能动性和其主体意识、接受意愿有关，具体指教育对象愿意主动参与、配合施教者开展相关活动，并愿意思考、评判、践行。

在信息技术高度发达的当代社会，高校思想政治教育工作者要适时更新教育理念，根据教育对象的特征，利用教育"双主体"和"平等互动"的理念，发挥教育对象的主动性，实现教育过程的双向互动，提高思想政治教育的有效性。

三、教育主体特征化

一是教育者的主体性。教育者要想在教学活动中获得更为理想的教学效果，就必须在教学活动中充分地发挥自身的主动性和积极性。

二是大学生有更多自主选择的机会，可以满足个性需求。每一个人都有机会发声，每一个人都能够平等地和他人进行交流，这使得人们对个体尊严以及个体权利有了更清晰的认识。

高校中的教师和学生处于平等地位，师生之间的距离被拉近，更具有人情味，师生间打破隔阂，教师以引导取代传统说服的教学方式，直接改善了教学效果。

四、教育信息来源立体化

传统高校思想政治教育的大量重要信息来源都是出自理论、方针和大方向政策，这样一来就限制了教师所获得的信息量，甚至很多信息都存在滞后的现象。这种情况显然不适应新媒体时代的教学环境。在新媒体时代下，教育者和受教育者只需要一部移动设备或是互联网电脑就可以很快地获得并且传播大量的即时信息。短短数秒，国内外的政治、文化、经济甚至是奇闻逸事都可以被实时掌握，人们通过网络能够随时随地地与他人进行交流，这种交流甚至是跨越语言、国界、种族、性别以及年龄的。可以说，当前的信息沟通正呈现一种立体化的状态，充分发挥了新媒体的优势。借助新媒体的优势，高校学生能够更好地与社会进行沟通，学生不仅可以享用本校的学习资源，而且还可以获得其他学校甚至是世界名校的教学资源。

五、教育手段多样化

传统高校思想政治教育在新媒体的推动下发生着变化，教育者和受教育者能够在任意一个设有终端设备的位置获得知识。这就要求教育者采用更为多样化的教育手段进行教学，教师可以充分地利用新媒体的优势，组织学生进行课下的网络讨论甚至布置网络作业，在轻松的氛围中实现知识共享、师生沟通。新媒体的充分应用将会大大地降低教师的教学、备课压力，并能够有效地借助新媒体进行广泛的思想政治教育知识的传播。尤其是新媒体对学生有着多种感官刺激，更利于高校学生接受这些知识。另外，随着虚拟技术和传播手段的发展应用，全息影音以及多媒体仿真画面也在教学中得到应用，在未来，随着新媒体的发展，思想政治教学必定会摆脱传统思想政治教育被贴上的"枯燥""无聊"等标签，变得生动活泼，甚至趣味盎然。

第四章　高校思想政治教育的教学探索

高校思想政治教育对大学生思想品德的培养有着重要的作用，是规范高校思想政治教育的建设、提高高校思想政治课程时效性的一条有效的途径。因此，高校要规范思想政治教育的教学探索，提高思想政治教育的时效性。本章分为高校思想政治教育的教学原则补充、高校思想政治教育的教学内容创新、高校思想政治教育的教学方法改进、高校思想政治教育的教学模式转换四个部分。主要包括高校思想政治教育教学知行统一、以人为本与全面发展等原则，提高高校思想政治教育影响力、强化高校思想政治教育导向力、提升高校思想政治教育服务力等教学内容探索，情境式、体验式和互动式教学方法等内容。

第一节　高校思想政治教育的教学原则补充

一、知行统一

思想政治教育教学绝对不是学习文件、学习材料，也不是从各个有关学科里选取相关内容拼凑起来的知识的集合，它应当有一个自己的学科体系。在这个方面，我国优秀传统文化中的教育思想有丰富的案例，可以作为研究的重要材料。我国要建设自己的思想政治教育教学基本体系，建设共产党人自己的理学，建设共产党人自己的心学。思想政治教育教学从某种程度上讲就是理学、心学，理学就是规律之学，心学就是修养之学，我国高校应围绕规律之学、修养之学，承担起立德树人的职责、使命。知行统一原则就是思想政治教育教学所要追求的最终目标。知行统一就是理论与实际相结合，思想政治教育教学的重点就是使学生的思想和行为在实践中实现统一，理论对实践有指导作用，实践是检验理论正确与否的唯一标准，马克思主义认识论明确要求我们要用理论联系实际的方法去认识客观事物，这既是对客观事物进行正确认识的原则，也是构建任何教学体系都需要遵循的原则。

行动是获得知识的动力，思想政治教育教学作为指导教学实践行动最基本的理论指南，首先必须是正确的科学的知识，如此才能指导教学行动的正确方向。思想政治教育教学与学生的思想行为密切相关。其可以培养学生的思想道德素质，使学生更好地认识社会主义主流价值观，形成社会所认同的思想政治观念，并用以指导实践，即教学就是转变或提升学生思想的过程，这一过程只有在学生认知上有了转变和提升后才能实现。只有让学生在对正确的思想观念进行了解、学习的基础上，还坚信这一观念的真理性，并用以实践，形成知行统一，才能说达到了教学的目的，知而不行，那"知"就失去其意义。对思想政治教育教学来说，这样的教学就是失败的教学。知是前提，行是目的，知行统一才能达到用正确的理论指导实践的目的。因此，遵循知行统一原则有助于思想政治教育教学实效性的提高与目标的达成。在研究思想政治教育教学时，遵循这一原则可以使研究过程中避免教学中的教条化、公式化的倾向。在思想政治教育教学中，要使学生对基本理论的形成、发展过程有基本的了解。因此，要通过对理论产生的背景进行阐述，从而引领学生感受理论的形成、发展过程。有了这样一个感同身受的接受过程，才能使学生在获得知识之后有一个与知相一致的行，思想政治教育教学的构建也必须遵循这一知行统一的原则。

二、以人为本与全面发展

（一）以人为本

首先，思想政治工作具有人民性。思想政治教育教学的方向是政，偏离了这个方向，其就不是思想政治教育教学了。这就是习近平给黄大年批示的三学之中的第一学。政者，众人之事也。高校应让学生学会为人民服务，为老百姓服务。其不管讲什么内容都不能偏离党和国家发展的方向。习近平多次提到，坚持正确的办学方向，要具体到每一门、每一个学科。在这个过程中，思想政治教育教学要把握好方向，所以每一个思想政治教育教学教师、思想政治教育工作者都要把好手里的方向盘，这既是思想政治教育教师的责任也是其使命。

其次，提高思想政治教育教学的质量和水平，要努力探索新的历史条件下思想政治课的内涵和精神要义。高校要深刻地认识到，思想政治教育教学就是做人的思想工作、政治工作、道德工作等。高校思想政治教育教学的对象是人，教师面对的人是历史的、社会的、具体的、活生生的。教师的目标是把学生这种历史的、社会的、具体的、活生生的人培养成社会主义建设事业添砖加瓦的新时代青年，这是由党的教育方针和思想政治教育的性质决定的。但由于教师对学生的认识是不全面的、不科学的，因此，提高思想政治教育教学的质量和水平要解决的问题就是科学地认识学生，认识其在现阶段的历史性特点。

最后，高校思想政治教育教学要防止人的异化。教师不能让学生在西方思想的影响下，在各种社会问题的碰撞中不断异化，走向自己的反面。教师必须认识到教学对象的异化就是教学本身的异化，也是思想政治教育教学教师的异化，这是思想政治教育教学理论和实践的研究者要深刻认识的。不解决这个问题，教学质量和水平就无法得到根本的提升，思想政治教育教学就发挥不了它应有的作用，就会成为一种摆设，一种空洞的说教。在此基础上，高校还要做到防止异己异化。思想政治教育教学本身是为立德树人这个根本任务服务的，是培养接班人而不是培养掘墓人，不能让学生成为异化的人。

注重思想政治问题，防止异己异化，即要求教师一定要深刻认识思想政治教育教学的对象，所有教育工作的各个环节都必须有自己的服务对象。习近平指出，高校思想政治理论教学要全程全方位，每个学科、每个专业都要守好一段渠，种好责任田。防止异己异化的思路是思想政治教育教学要提升质量和水平。关于深刻认识思想政治教育教学对象的问题，当前，很多教育工作者关注的点不在对象上，只是在关注思想政治教育教学的主体和工具的过程中才关注对象。教育工作者应该在关注这个关系时将其转变一下，在关心思想政治教育教学对象的过程中，加强主体，加强工具，加强手段。

（二）全面发展

教师应从教学的整体性、综合性出发，用运动发展和辩证联系的思维进行思想政治教育教学及其体系的研究，尽可能从多方面、多角度、多侧面、多方位对这一问题展开研究分析。范畴体系中的具体内容是变化发展的，并在一定条件下可相互转化，教师要用马克思主义对立统一的辩证思维方法去研究范畴与范畴之间、每一组具体范畴内部的辩证关系，不能把它们割裂开来进行研究，即从总体上研究和把握范畴的所有方面、所有联系和环节，促进范畴研究的全面发展，这是思维的本质所在。因为这是具有逻辑性的一个系统，其包含的每一组具体范畴都不是独立存在的，都是彼此相连、互补的，且有一个隶属关系的存在，是从简单到复杂、从抽象到具体的，并在教学实践的具体过程中不断变化发展。这也说明了教学实践环节是一个联系、发展的过程，教师建构范畴体系要重点关注教学实践中种种现象之间的关系，如此才能从理论层面对教学发展的不同侧面展开全面的阐述，进而更好地指导教学。

三、问题导向性

教师要重视对思想理论领域问题的引导，努力排解矛盾的负效果，倡导积极健康的社会心理，坚持思想政治教育教学导向指引性的实践指向。思想政治教育教学实效问题、质量问题的出现是教学面临的重中之重的问题，教师需要根据现实情况，在以问题为导向的原则下展开相关论题的研究。

（一）坚持问题意识

教师在实际的教学工作中，要自主自觉地寻找有价值的论题论点，并运用科学的方法展开研究，尤其是对当前学科领域的前沿问题进行探索。前人认为已有答案的地方，可能恰恰是问题所在。教师要在思想政治教育教学研究中培养问题意识，并提升教学实效性，其大致可从以下两方面来讲。

首先从实践层面来讲：一是教师要善于在日常教学工作中发现和总结，逐步概括出具体内容；二是教师在教学实践中要实现科研与教学的有机结合，在教学中完成科学研究；三是高校要以教学的社会实践为载体，通过实践活动挖掘教学的具体内涵。

其次从理论层面来讲：一是把握马克思主义关于范畴的经典理论与教学的结合点；二是明确当前马克思主义中国化的最新成果是培养问题意识的方向和宗旨；三是对当前的基础理论的不断反思和完善，形成思想政治教育教学问题意识的源泉。

（二）坚持开放意识

教师在对学科领域内的前沿问题进行研究时，要以开放的眼光看待问题，吸收其他学科知识的有益成果，完善自身，以平等的态度对待中西方文化，取其精华，去其糟粕，推动马克思主义理论及思想政治教育教学的建设和发展。其主要包括以下几点：一是增强从交叉学科的视角进行思想政治教育教学研究的自觉性；二是使思想政治教育教学面向世界，这是促进学科综合化的现实需求，即在对教学进行研究时要坚持全面性和联系性，以发展的眼光对待问题的研究，以动态的方式对范畴进行构建，与实践联系，用实践检验范畴的真理性，教学实践过程是运动变化发展的。教师在研究教学时，要重视对教学过程中研究对象与社会环境之间的相互联系、相互作用进行分析，其关系会在一定时期内保持稳定，但不会固定不变，由其形成的真理也具有相对性，而关于它的认识则具有无限性，即开放性。开放意识也是由思想政治教育教学的相对的利益性特征决定的。思想政治教育教学是一个系统，必然具有系统固有的开放性。

（三）坚持改革创新意识

教师对教学理论的研究要持一种创新思想，要敢于打破常规，不破不立，只有打破，才能产生新东西。在研究的过程中，勇于吸收新思想、新元素，用兼具独创性、新颖性和开拓性的思维方式为教学发展创造内生动力。思想政治教育教学是与实践密切相关的，作为其研究对象的大学生各具特色，教师要根据研究对象的需求，有目的、有意识地进行改革和创造性活动。教学体系的建构本身就是高校教学基本理论的改革和创新，改革创新意识是由教学的相对的利益性特征决定的，遵循改革创新意识，必须在现有中及时地更新新时代高校思想政治教育教学的基本内容，使之更加充满生机与活力。

四、从抽象到具体

从抽象上升到具体是任何理论体系在形成过程中都必须坚持的原则，如果某一理论不具备这一特征，那研究者就没有对研究对象进行辩证认识。思想政治教育教学是一个严密的科学的理论形态，其发展是辩证的、运动的，且具有逻辑性，一般是从简单到复杂、从低级到高级、从局部到整体的螺旋上升的过程。对其进行从抽象到具体的研究，是要确定教学中各个现象内的所有方面、层次、关系的逻辑性，进而对其内在联系和本质特征进行解释，并将其有机融合的一个过程。

从抽象上升到具体，是对研究对象进行科学的辩证的分析探索，也是进行思想政治教育教学研究和构建必须遵循的基本原则之一。思想政治教育教学的运行过程是从范畴起点、范畴中介到范畴终点的一个从抽象上升到具体的过程。这个过程的展开与思想政治教育教学发展的客观进程是基本相一致的。从确定起点范畴开始，到终点范畴这一个过程，每一具体的范畴内容都要经过转化、过渡、前进、上升。在范畴的运行过程中，其每一具体的范畴内容通过不断的显露，展现出与其他范畴之间的相互关系。范畴的整个逻辑运动过程都体现着从抽象上升到具体这一基本原则。

五、科学性与思想性结合

（一）科学性原则

思想政治教育教学的科学性指其具有真理性、规律性。思想政治教育教学是在向学生传授科学理论知识的同时，还具有一个特殊功能，即对学生的思想进行改造升华，培养学生的马克思主义价值观点、立场、方法，使其具有符合社会要求的思想道德素质，成为新时代全面发展的新青年，能够为中国特色社会主义建设事业添砖加瓦。也就是说，学生要在掌握科学的专业知识技能的基础上，还要树立坚定的马克思主义信仰，并在实践中熟练地运用这一科学的理论解决问题。思想政治教育教学的内容是马克思主义基本理论，是科学的世界观和方法论，其本身具有科学的特点，其构建必然也是科学的。思想政治教育教学是科学的内容与科学的方法的紧密结合。

（二）思想性原则

在进行思想政治教育教学的过程中，有时候思想政治教育教学会出现一种偏向，即用通识代替思想政治，思想政治教育教学的重点是思，思者，思考也，思想也。思就是要让学生享受到思想的大餐，就是党的基本理论，也就是思想政治教育研究的对象。因此，在思想概念中，思是重点，它的表现形式是具体的内容：一是规律，二是伦理，三是法律。它是用于塑造精神、塑造人格、塑造合格的人的。

思想政治教育教学不是单纯地只讲知识。教师首先要明确，一定要把党的理论的创新成果介绍给学生，灌输给学生。灌输这个词是有道理的，教师要改变那种用通识代替思想政治、用知识代替思想的做法。在向学生传递思想的同时要教会其思考，让其把握思维的规律，提高其思维能力，使其形成独特的思维风格。这是重要的教学方法，是教师进行思想政治教育教学的重点。

科学性与思想性的统一，可以使思想政治教育教学在保证教学方向正确性的基础上使学生对科学知识有高质量的领悟，从而达到教学对象与教学内容、目的的高度融合。科学性与思想性两者是相辅相成的，科学的方法和内容是思想正确传递的前提，而思想的形成是用科学方法传授科学内容这一教学过程的目的，缺少任何一方面，都会使教学效果大打折扣。

第二节　高校思想政治教育的教学内容创新

一、提高高校思想政治教育影响力

（一）理论课增强影响强度

高校是思想政治教育的重要阵地，也是意识形态工作开展的重要平台。习近平在全国思想政治工作会议上对思想政治教育给予了高度重视。高校思想政治教育理论课，主要以理论知识为载体，对大学生进行有明确教学目的和教学任务的活动，向大学生传播和灌输党的执政方式和执政理念，传播我国的主流意识形态，从而达到使大学生形成正确的思想意识的目的，使之在以后的人生中能够做出正确的价值判断和行为选择。高校思想政治教育的内容主要是对大学生进行纯理论知识的"说教"式灌输，这样的传统课堂枯燥乏味，且难以达到预期的教育效果。这就要求思想政治理论课教师要以生动形象的案例和幽默饱满的语言阐释单一枯燥的知识点，使学生对理论知识的理解能从"入耳"向"入脑""入心"转变，从而使思想政治教育达到事半功倍的教育效果。例如，在思想政治课上，教师应多将革命人物事例与高校思想政治知识点和教材内容结合起来。真实生动的事例，一方面能够使学生透过革命人物了解当时的时代背景和政治背景，更好地掌握思想政治知识。另一方面，革命人物在不同的历史情境下所体现出来的政治立场和行为价值选择，也是高校大学生理想信念教育的重要素材和内容。因此，用好思想政治课堂"主渠道"是促进大学生成长成才的关键，这不仅关乎着学生自身的发展，而且关乎着国家和社会未来的价值取向。新时代所出现的社会复杂化、信息海量化、价值观多元化极易对大学生的认知造成干扰，导致其做出错误的行为选择。因此，高校更应通过思想政治课堂"主渠道"帮助学生培养以科学理论为指导的认知能力和符合社会发展趋势的正确三观。

（二）打造思想政治课程

思想政治理论课是高校思想政治教育的"主渠道"，新时代的背景对"主渠道"作用的发挥提出了新的要求。高校是培养人才的重要场域，因而所有的课程都将围绕"立德树人"而展开。作为全新教育理念的"课程思政"指通过将思想政治知识渗透到更多的课程中，来达到学生思想政治水平全方位提升的目的，从而实现思想政治教育成效的最大化。

首先，高校在思想政治教育工作中务必要抛弃过去思想政治理论课的陈旧理念，不断挖掘各门课程中的思想政治教育元素，促进"课程思政"和"思政课程"的同向同行，推动建设线上与线下相结合、传统课堂与多媒体课堂相协调的"思政金课"，不断强化理论与实践相结合的教学阵地，使高校课程在不影响专业教育发展的基础上尽显思想政治底色。近年来，上海市在"课程思政"的改革中总结了一些宝贵经验。面对新生代教育对象日新月异的变化，上海提出"课程思政"改革无论是内容还是形式都要符合年轻一代的特质，如复旦大学的《治国理政》、华东政法大学的《法治中国》等课程的推出，不仅结合了学校专业特色，而且内容以当下热点话题、时代发展大势为主，授课方式也以"头脑风暴"式讨论和调研为主，这些都极大地引起了学生的共鸣；上海高校"大师剧"也受到了强烈追捧，如上海交通大学的《钱学森》、上海中医药大学的《裴沛然》等，用舞台剧的形式，将社会主义核心价值观教育和提升思想政治亲和力融入其中，这样一来舞台就成为思想政治的新课堂。上海"课程思政"创造性地将社会主义核心价值观的精髓融入形式多样的教学中，这对思想政治教育产生了潜移默化的影响。

其次，大学生对网络热点事件易产生较高的兴趣和关注度，思想政治教师应提高对热点事件的敏感度，在网络热点资源中捕捉能够与思想政治课内容相对应的素材，使之巧妙地与思想政治知识融合，这提高了学生的学习兴趣和教师的教学成效。

最后，在推动"课程思政"的建设过程中，思想政治课教师、专业课教师以及其他专业人员应当高效联合，找到思想政治课程与专业课程之间的契合点，完善"全员全程全方位"的育人体制机制，在不影响专业课程教学效果的前提下，将思想政治教育精神和内涵传达给学生，使高校学生能时刻用专业知识和科学理论知识武装头脑。

二、强化高校思想政治教育导向力

（一）推进思想政治教育科学理论中国化

高校是党领导的社会主义高校，应贯彻和落实党的教育方针和政策，坚持以马克思主义为指导。高校在引导大学生读马克思主义经典著作时，还要引导他们将理论与中国的实际结合起来，将中国优秀传统文化作为思想基底。高校思想政治教育的内容包含了传统文化教育，因此，高校在推进科学理论中国化的过程中，在一定意义上也对大学生进行了传统文化教育。

（二）推进思想政治教育科学理论时代化

任何一种思想的出现都是特定时代的物质世界和精神世界的反射。推进思想政治教育科学理论时代化，即推进思想政治教育中马克思主义理论的时代化。马克思主义科学理论能够拥有强大生命力，历久而弥新，是因为其不断适应时代提出的新要求、融入时代新元素并回答时代提出的新问题。推进高校思想政治教育科学理论时代化是高校面临的新的历史课题，高校思想政治教育的实效性体现在时代化中。

首先，高校要重视理论内容的创新，紧跟时代发展的步伐，把握时代本质和时代发展趋势。高校对大学生而言是党和国家重要的"传声筒"，是向大学生传达最新理论、政策和会议精神的中间载体，因此更应及时并准确地将党和国家的重要思想内容和重大会议精神更新到思想政治教育的内容中，对于教材内容要做到及时更新并送到学生手中，对于重大会议精神的领悟，高校应及时开展专题讲座或召开主题活动，帮助学生和教师解读和领悟重大政策的精髓。

其次，高校的党团建设也应体现时代化的内容。高校党团是共产党人的摇篮，是高校党团建设的重中之重。其工作内容包括对积极分子的选拔、教育与考察，对预备党员的考察以及对党的路线、方针、政策的宣传和学习，因此，作为思想政治第二课堂的党团，其工作内容也应体现时代化精神。

最后，时代化也体现在教育模式、方法和途径的与时俱进中。高校应不断优化和改进教育理念、内容、方法以及环境，用符合时代的新理论指导学生，用全新的科技媒体辅导学生，用最新的教学方法引导学生，使理论知识更贴合学生的生活实际。运用理论内容的与时俱进和宣传教育手段的与时俱进，可以极大地促进高校思想政治教育的时代化，从而体现教育实效性。

（三）推进思想政治教育科学理论大众化

运用教育宣传马克思主义是推进马克思主义大众化最基础的方法。马克思主义理论只有为社会主体所接受、所理解、所掌握，才能成为改造世界的巨大精神力量。作为指导中国具体实践的科学理论，其根本要求和内在要求就是马克思主义大众化。高校开设的马克思主义理论相关课程，意图通过有计划、有目的的教学活动，使高校大学生理解并接受马克思主义，同时将其内化为自身的一种信仰，指导和影响自身的思维和行为。

一方面，在高校思想政治教育中，教育者应将马克思主义理论枯燥乏味的语言用生动、形象、诚恳的方式将内涵传达给学生，同时借助鲜活的案例和感人的事迹，在真实的教育情境中，让学生感悟科学理论的先进性和真理性。

另一方面，高校可以通过校报、校园专栏以及微信、微博公众平台等刊登或发布大众化马克思主义相关内容，以深入浅出、生动活泼的语言文字，将通俗化的马克思主义理论用来分析当前的热点事件和时代大势。

高校思想政治教育大众化，更是国家未来稳定发展的基础。高校培养了无数科技文化精英，他们承载着国家未来发展的重任，将通过与社会的互动对社会各方面的发展产生影响。

三、提升高校思想政治教育服务力

（一）坚持"以学生为中心"的教育理念

高校在进行思想政治教育的工作中，应当参照习近平关于意识形态民生论述的观点，在高校思想政治教育中传承和弘扬"以人民为中心"的革命基因。在高校思想政治教育中其体现在"以学生为中心"的教育理念上。高校务必树立"以学生为中心"的教育理念，强化"以学生为中心"的服务意识。这里所说的以学生为中心，指以学生的发展为中心。高校在教育过程中应重视分析学生的发展需求和个人需求，要在满足学生发展需求的基础上，尽力满足其个人的需求。在课堂学习中，一方面，"以学生为中心"的教育理念强调学生要自主学习，要学会运用图书馆、网络以及新媒体等自主查找和搜集相关知识内容，增强独立学习的主动性和实效性；另一方面，"以学生为中心"也强调了协作学习环境的设计，其指在教学中使学生以小组课下自主学习，课上协商、讨论的方式，完善和深化对相关知识的学习。"以学生为中心"并不意味着学生至高无上，高校还应该坚持"立德树人"，学生的发展需要高校教师的引导，因此，高校在"以学生为中心"的思想政治教育中，无法忽视也不能忽视"尊师重道"的思想。在教育过程中，要坚持思想政治教育的层次性原则，根据不同学段学生的思想需求和知识储备，制订不同的教学计划，运用多样化的教学方法，促进教学活动贴近学生实际，提高学生学习的主动性。

（二）推进"双主体"教育模式改革

"双主体"教育模式指在教学过程中既要兼顾学生在学习中的主体地位，又要重视教师的课堂引导作用。"双主体"教育模式于传统教育模式而言在学生角色、教师角色、教学方法和内容以及教学媒体等方面都发生了相应变化。

首先，由于教师的思想政治知识理论水平远高于学生，对课堂的积极性和主动性相对较高，因此，在传统教学模式中，教师居于课堂的主导地位。学生因思想政治理论枯燥乏味、对思想政治知识认同度低等原因，作为课堂学习主体的参与度相对较低。"双主体"教育模式的核心是强调学生的自主学习，使学生通过多样化的获取知识的途径形成对客观事物的认识，提高学习的主动性，教师作为另一主体，发挥着引导和指正的重要作用。

其次，该模式强调建立平等的师生关系。一方面，高校应通过"以学生为本"的教学理念逐步提高思想政治教育的亲和力和说服力，建立起学生与教师平等沟通的关系，使课堂教学过程中的施教者与受教育主体双方都能平等地参与到教学过程中；另一方面，高校应建立师生使用教学载体的平等关系。在"双主体"课堂教学中，作为教学载体的黑板、电子课件等不仅可以为教师教学提供教学帮助，而且还是学生主动学习的主要载体。在学习过程中，学生也拥有对教学载体的使用权利。

最后，完善教育反馈机制。良好的反馈能够促进教师更好地教学、学生更好地学习，教育者和受教育者应通过网络等科技平台对已学知识进行反馈，通过反馈教育者可以根据受教育者情况的变化灵活地调整教学内容和教学方式，而受教育者也可以在知识层面获得进一步提升。

四、增强高校思想政治教育渗透力

（一）倡导理论联系实际的马克思主义学风

中国共产党一贯坚持理论联系实际的马克思主义学风。学风建设自党成立以来就被视为重中之重。毛泽东指出，学风反映了全党对待马克思列宁主义的态度，也反映了全党的思想和工作问题，因此学风问题显得尤为重要。他强调了理论联系实际的学风对于我党发展的重要意义。马克思主义学风对于中国共产党而言是其保持纯洁性的必要前提。对于高校而言，学风的建设是提高高校人才质量的根本保证，良好的学风不仅规范着大学生的学习行为，而且还在潜移默化中影响着大学生三观的树立和日常的行为方式，影响和决定着高校人才培养的成效。思想政治教育的内容就是马克思主义基本原理以及马克思主义与中国实际相结合的成果，因此对于高校思想政治教育，高校应大力弘扬和推进马克思主义学风的建设。理论联系实际是马克思主义学风的灵魂，因此，高校务必要重视将课本理论知识以学生能够接触和感受到的实际生活结合起来，同时可在校园内开展活动，在课外的实践中将理论知识体现出来，使高校思想政治教育充分融入学生的实际生活中。高校应培养学生理论联系实际的自觉性和习惯性，努力建立良好的社会主义现代化的学风，从而提升自身培养高质量人才的能力。

（二）发扬求真务实的马克思主义作风

求真务实的工作作风，在高校体现为党员干部的工作作风以及学生干部群体的日常工作作风。

一方面，高校领导干部思想作风是影响高校形象和高校人才培养质量的重要内在条件，是其政治素养、道德品质的具体表现。高校领导干部应自觉学习和不断深化对党的路线、方针、政策的学习和思考，在工作中坚持解放思想、实事求是、与时俱进、开拓创新的思想，将科学的思想内化为自身修养，外化为言行举止，将思想理论与学校工作的实践紧密结合。在高校工作中，要以全局为重，办事和对问题的思考应站在学校的全局高度上，以学校的改革和发展为重任，以师生利益为中心，履行好为高校师生、高校全体教职人员服务的基本职责，提高服务能力和师生满意度。

另一方面，随着高校校园文化的发展，我国高校的学生干部群体也日益庞大起来，且多数为党员干部，因而求真务实的工作作风也体现在学生干部的日常工作中。当前多数学生干部个性较强且多为独生子女，因而在学生工作中个人主义思想较为严重，有些学生干部甚至党员意识淡薄、理想信念模糊，严重影响着高校学生干部工作的作风。

因此，高校首先要严格对学生干部的选拔，以公平公正公开择优的原则选择学生干部；其次通过定期例会或述职等方式，在了解其工作状态的同时向其传递为学生服务的精神；最后加强学院之间学生干部的交流学习，建立开放型学生领导队伍，形成校内各学院资源共享的良好态势。

五、提升高校思想政治教育环境优化力

（一）共享网络思想政治教育微资源

随着互联网技术的不断发展，网络已然成为意识形态斗争的重要场地。在这样的情势下，人们对于意识形态安全工作的思考已经无法将网络置之度外，必须将其高度重视。网络以其自身快捷化、便利化、多元化的优势吸引着大学生的关注，网络衍生产品如网站、论坛、App 等成为大学生获取资讯和信息的主要途径。这类网络产品大部分通过简短的文字或视频剪辑的形式将复杂的社会性事件传达给大众，而大众无法通过其了解和掌握事件的全部信息，就很容易被编辑者的思想影响。高校大学生三观还未完全成熟，思想理论素养还有待提升，这样的网络资讯容易使大学生形成对信息的片面化、碎片化认知，对大学生的思想发展很不利。对此高校应重视并警惕校园环境的变化带来的影响，清晰地把握思想政治教育在网络环境下的机遇和挑战，从而在遇到相关情况时能采取有效应对措施。教育部门应整合挖掘高校网络信息资源，支持和推进国家思想政治教育门户网站的建立建设，站在国家教育的层面，向网络源源不断地输出具有专业性、丰富性、及时性的思想政治教育资源。各级高校在结合办学理念和校园文化的基础上，创办和发展本校思想政治教育网络平台，将思想政治教育内容以学生喜闻乐见的方式如微电影等传递给学生，实现网络思想政

治教育的隐性功能。在传递社会新闻讯息时，高校思想政治教育工作者应具有较高的政治敏锐性，及时关注社会焦点信息，灵敏地发现校园舆论的导向，给予学生正确客观的政治性引导。

（二）加强校园网络环境的舆情预警

在网络环境下，思想政治教育不仅需要校内外资源的强力整合，而且也需要在制度上被监管和约束，这就需要政府、高校以及学生自身的共同努力。对于政府，应不断完善网络信息管理法律和网络管理制度，对高校大学生的网络言行给予制度化的管理和规范。

首先，要建立健全校园网络监管体制机制以及思想政治教育平台网络舆情预警机制，加强同国家网信部门及公安部门的联系，从而形成从网络技术到网络内容、从日常网络安全到打击非法网络信息的监管合力，为高校建立健康化网络环境提供坚实的制度化基础。

其次，加强校园网络信息管理者的政治舆情敏锐性，从而对高校网络平台的信息进行全方位监管，有效规避和解决网络病毒、网络低俗信息给大学生思想意识上带来的干扰和威胁，保障校园网络环境清净，营造相对安全稳定的教育隐性环境。

再次，在校园日常学习和实践活动中，教师应加强学生的网络安全教育。一方面授课教师在课堂知识内容的讲授中可以穿插大学生电信网络诈骗真实案例，以口述或视频的方式让学生感受网络环境的危险性，提高大学生电信网络安全意识；另一方面，辅导员在日常管理中应通过 QQ、微信班级群的方式，发布关于电信网络安全教育的内容，也可以开展电信网络诈骗主题班会、专题讲座以及情景演绎等活动，提高学生对电信网络安全的警觉。

最后，大学生自身应不断提高和强化对网络信息的自我辨识力和对网络运用的自我管理能力，提高思想政治素养，从根源上避免网络环境弊端带来的负面影响。高校应高度关注容易引起校园舆情的敏感性事件，通过举办校园活动或主题班会，呼吁大学生理性地思考和判断，以做好校园网络舆情的防御工作，从而使校园微平台更好地为高校思想政治教育提供潜移默化的思想引导和便利的教学体验。

（三）推进社会、家庭和高校协同育人

高校思想政治教育的开展需要考虑环境嬗变的影响，既要考虑校园环境对学生整体素质的培养作用，又要考虑社会和家庭环境对学生思想意识的深刻影响。对于社会环境，政府对其的调控于高校思想政治教育而言意义重大。政府应不断整合社会各子系统，出台相关的法律法规和政策，从而保障高校思想政治教育的大环境。

高校开展思想政治教育工作也应该兼顾家庭环境的影响。对于家庭，家长的言行举止会对学生的思想行为产生深远而持久的影响，家庭成员的思想政治情况直接影响着学生的政治立场、思想意识和价值选择。因此，家庭成员一定要做到言传身教，用自身的实际行动对身边的人产生影响，在对孩子进行正面理论教育的同时，还要用实际行动为孩子做示范，为孩子树立榜样，从而达到家庭思想政治教育的最佳效果。改革开放四十多年以来，我国出现了大量的可以学习的人物和事迹，教师可以将其运用于思想政治教育的过程中，同时还应将这些内容以生活化的方式讲给学生，使之发挥榜样的教育影响力，帮助学生树立正确的三观，形成对社会主义的正确认知，更加坚定对马克思主义的信念。社会、学校和家庭不仅需要在教育内容上寻求共性，更需要构建强大的合力系统，推进全程、全员协同育人，尤其是学校和家庭之间，应形成具有连贯性的交流，实现课上课下、校内校外的良好互动和反馈模式，从而探求思想政治教育的最佳成效。

第三节　高校思想政治教育的教学方法改进

一、"情境式"教学

所谓"情境式"教学，就是集知识的传授、行为的指导、能力的培养、觉悟的提升于一体的立体式教学方法。"情境式"教学既可以改善高校思想政治教育的教学效果，又可以加强师生之间的交流互动，还可以培养大学生的创新能力和精神。"情境式"教学的作用可以从两个方面来阐述，即教学方面和学生学习方面，具体如下。

（一）教学方面

在教学方面，"情境式"教学首先可以显著改善高校思想政治教育课程的教学效果。这是因为在"情境式"教学活动过程中，教师能够顺应时代的发展趋势，依据新的情况和问题对教学内容采取有针对性的措施，这就使得教学变得更加富有时效性。其次有利于加快高校思想政治教育课程的改革步伐。通过一些生动的教学情境，提升学生的学习积极性，开拓他们的视野，激发他们的学习兴趣，并促进师生之间的交流协作，进而推动高校思想政治教育课程的改革。最后还可以起到推进学校教学管理制度改革的作用。在进行"情境式"教学活动的过程中，可以适当对一些学校的教学管理制度进行试点改革，并在实践中不断总结和推广，进而形成一个规范的教学制度。

（二）学生学习方面

在学生学习方面，"情境式"教学首先可以帮助学生形成一定的实践能力和团队精神。教师可以通过一些教学情境的模拟实习，让学生通过沟通、协作来形成团队合作的精神，并帮助他们克服因实际动手操作能力不足而带来的不适，解决理论与实战脱节的问题。其次还能够帮助学生转变学习方式。通过教学场景的设置，让学生更好地将知识和社会紧密地联系起来，提升他们的学习兴趣，培养他们的科学探究能力。最后还能够提升高校思想政治理论课的教学实效性。通过生动、形象、直观的教学情境，加深学生对教学内容的理解和印象，提升他们分析问题、解决问题的能力。

"情境式"教学方法实现的途径有以下几个：一是通过丰富优美的语言来对情境进行描述；二是通过动漫、影视、PPT 等来渲染情境；三是通过设置角色，采用表演的方式来创设情境；四是通过组织调查、考察、访问的方式来观察实地情境。

二、"体验式"教学

"体验式"教学指让学生从具体的体验中学会观察和反思，进而形成一个抽象的概念，最后再对形成的抽象概念进行检验。

（一）教学步骤

学生用具体的体验观察和反思抽象概念的形成，对抽象概念进行检验。"体验式"教学强调的是教学过程中的"师生共同参与"，而不是单方面学生的"学"和教师的"教"。

（二）教学意义

"体验式"教学在高校思想政治教育中的主要意义有三个方面，具体如下。

一是提升教学的深刻性和生动性，促使教学变得富有动态化、立体化、新颖化。随着社会经济的快速发展，采用传统思想政治教育方法的教学效果显著降低。主要表现为教学方法不能适应教学对象，对现实问题不能够进行科学的分析、说明、解释；教学形式比较单一，过分侧重理论教育，与实际联系比较少，教育者和受教育者之间缺乏必要的交流；教学内容比较贫乏、枯燥……这些导致高校的思想政治教育在一定程度上处于游离的状态。

二是将学习内容和要求整合起来，使之更有针对性和有效性。教师可以利用丰富的社会资源来拓展教学的空间，有效地组织教学活动。

三是对学生的人际关系的处理能力、团队交流合作的精神进行培养，提高教学的广泛性、凝聚性。一方面，吸引学生的眼球，拉近学生之间的距离；另一方面，"体验式"教学需要学生的互动通力合作，进而培养他们的团队意识。

（三）教学原则

"体验式"教学在高校思想政治教育活动中被运用的时候遵循的原则有以下三条：一是目的性要强，要有明确的目标指向性；二是要在认真研究、多方调研之后进行严密的设计；三是要具备极强的导向性，能够对教学活动参与者起到真正的教育作用。

由此可见，要想使高校思想政治教育获得一个不错的效果，高校的思想政治教育工作者就必须以"大学生"为中心，不断采用新的教学方法。这样才能够切实地提升大学生的思想政治素质。

三、"互动式"教学

要提升高校思想政治理论课"互动式"教学的实效性，就要不断深化方式方法的运用，只有立足高校思想政治课的特点，结合新媒体发展的特点，从现有方式和手段出发，不断深化新媒体环境下高校思想政治理论课"互动式"教学的应用，才能激发出互动对象的主体性，促进教与学的良性循环发展，从而达到教学相长的互动效果。

（一）设计贯穿教学始终的互动，以强化主体意识

高校思想政治理论课的教学过程可以分为三个阶段，即课前、课中和课后。在传统媒体环境中，师生在课前和课后的交流往往受到时间、空间等的限制，故而很难规模化地展开。但在新媒体环境中，借助科技的力量，师生之间时空的障碍在很大程度上可以被打破，思想政治课教师对互动的理解不应局限于课中阶段，贯穿教学始终的互动系统的建立是进一步激发思想政治课互动教学模式主体性的关键所在。

1. 课前阶段

思想政治课教师应当利用新媒体充分调动学生学习的自主性，将学生的需

求和智慧融入教学设计之中。

其一，应当将新媒体思想政治组群纳入思想政治课互动教学的要素之中，引导思想政治课教师在整体课程开始之前或开展的初期建立 QQ 群、微信群或其他新媒体思想政治组群。这一方面可以起到互动导向的作用，让学生意识到"课程马上要开始了"，感受到教师对课程和对学生的重视及尊重，从一开始就明确自己在课程中的主体地位；另一方面也可以起到搭建互动桥梁的作用，从而为接下来互动的开展创设环境、奠定基础。

其二，应当对互动教学设计中学生的参与做出明确的要求。一方面，思想政治课教师应当就学生的学习需求、方法偏好等提前做调查，广泛听取学生的建议，在坚持思想政治教学总目标、总方向的基础上，将不同专业背景学生的不同特点和不同需求纳入教学设计中，合理调整教学重难点和教学方法；另一方面，思想政治课教师应当利用媒介及时告知学生本课程的教学大纲，着重指出哪些地方做了整改，让学生感受到自己的意愿可以被接受，建议可以被采纳，同时，对于一些学生感兴趣却没有调整的地方，教师应做出解释，告知学生之所以这么做的意义所在。在课前阶段展开互动，不仅能帮助教师更好地针对学生的特点展开教学，而且也能帮助学生认识课程的价值，从一开始就体会到"互动式"教学区别于传统教学方式的不同，在之后的教学中更好地发挥自主性。

2. 课中阶段

思想政治课教师要继续深化互动教学内容，让学生有所思、有所议。课中阶段一直以来都是思想政治课教师进行"互动式"教学的重点，因此，很多思想政治课教师已经总结了许多宝贵的经验。但值得注意的是，无论是互动方式的选择还是互动方法的应用，都必须立足于互动内容来展开。互动内容设定得太浅显，不仅不利于深度互动的展开，反而会消解学生的互动热情，使之把原本用来辅助互动的新媒体设备变成开小差的工具，进而影响课堂的教学秩序；互动内容选择得太晦涩，就会超出大多数学生的认知范围，这又会引起学生的无力感和挫败感，同样影响互动教学的效果。

3. 课后阶段

思想政治课教师应当做出表率，鼓励学生不断思考、持续学习。对于课后布置的作业，教师与学生要形成良好的作业反馈互动机制，一方面思想政治课教师要拿出更多的时间和耐心对学生的作业进行分析和点评，发挥作业互动反哺课前设计和课中教学的价值和作用；另一方面，思想政治课教师要以作业互动为纽带，改变部分学生只重形式而不重作用、只关注作业分数而不关心作业本身的状况，引导学生养成发现问题、思考问题、订正问题并举一反三的学习习惯。

课前、课中、课后本就是一个紧密运转的系统，教师只有将互动贯穿其始终，才能最大限度地唤醒互动主体的思辨意识，调动互动主体的自主性，使整个"互动式"教学模式环环相扣，从而更好地服务高校思想政治理论课，实现教学和育人的双重目标。

（二）师生全员参与，以巩固主体地位

对于高校思想政治理论课"互动式"教学来说，无论是教师还是学生，都应当是个体概念而不是群体概念，概括地说，即互动必须落实到每一个个体身上。因此，新媒体环境下的高校思想政治理论课"互动式"教学，不仅要关注师生互动，还要关注生生互动甚至师师互动，只有健全师生全员参与的互动方式，群体的主体性才能转化为个体的主体性，高校思想政治理论课"互动式"教学的价值才能最大限度地得到发挥。

1. 继续拓展师生互动的广度和深度

师生互动是高校思想政治理论课教学互动的基本方式，也是最重要的方式。只有通过思想政治课教师与学生之间的有效互动，思想政治理论课的相关知识才能更好地由教师传授给学生，并被学生接纳。

师生互动有两种形式：一种是一对多互动，由于师资等的影响，高校思想政治课往往采用大班教学的模式，思想政治课教师大多时候只能以一对多的形式与学生展开互动，这样的互动辐射范围比较大，但实际上往往只能激起极少数学生的思考，整个班级中浑水摸鱼者不在少数；另一种是一对一互动，一些思想政治课教师有针对性地挑选学生回答问题或个别学生主动向思想政治课教师提出问题，这促成了师生间的一对一互动，这样的互动一般来说比较深入，但辐射范围往往与深入程度成反比，教师很难做到和每个学生都达成一对一的互动，即使利用新媒体学习平台，教师可以让全班学生同时进行一对一的作答，但到教师点评或回应时又会出现分身乏术的状况。

两种方式各有利弊，思想政治课教师应当尝试取长补短，将两种方式有机结合。一方面，可以创新原先的一对多的互动形式，把学生分成多个小组，通过与小组的一对一互动，尽可能将一对多向一对一的方向转变，引导更多的学生参与互动；另一方面，教师在利用在线学习平台促成与全体学生一对一的互动时，可以在点评和回应时有准备、有针对性地选出典型的互动问答与全体学生分享，在保证一对一互动范围的同时尽可能地提升互动的深度。

2. 深刻挖掘生生互动和师师互动的价值

就生生互动而言，学生和学生间无论是年龄还是身心特点等都有着许多相似之处，他们之间的互动更容易激发知识和情感的共鸣。并且，良性竞争意识和团队合作精神也有赖于生生互动的情境才能形成。因此，思想政治课教师要利用好生生互动的方式，对于具有一定难度的互动内容，要鼓励学生组成小组展开探究；对涉及 PPT 制作、视频剪辑等较为复杂的作业，要引导学生发挥所长，分工合作。

就师师互动来说，以往的"互动式"教学模式很少关注师师互动，但教师与教师之间的互动着实不能小觑。一方面，思想政治课教师之间的经验分享和问题探讨有助于思想政治课"互动式"教学模式不断优化和发展；另一方面，思想政治课教师与其他教师间的互动可以促使思想政治课多元立体起来，其与辅导员的交流则可以帮助自己更进一步了解学生生活的特点，更有针对性地展开互动教学。因此，思想政治课教师应当高度重视师师互动，全力发挥其在高校思想政治理论课"互动式"教学模式中的功效和作用。

（三）认知情感结合，以激发主体动能

高校思想政治理论课"互动式"教学，需要立足于知识、能力、情感、态度和价值观等多重维度，基于此，具体互动方法的选择至关重要。

一方面，互动方法要符合个体的认知要求，即要满足学生知识获取和能力提升的需求。思想政治课教师要不断推进问题式互动和案例式互动的研究和运用。在问题式互动开展的过程中，思想政治课教师一要保证问题设计的科学性，即问题必须从课程内容出发，体现课程的性质及目标；二要尽量立足学生的实际能力，范围不能过宽，内容不能太杂，要循序渐进地引导学生掌握课程的核心内容。案例式互动要求思想政治课教师首先要选择合适的案例，既要符合课程要求也要迎合学生兴趣，还要具有一定的代表性，如在讲《思想道德修养与法律基础》中的《刑法》时，由于课程内容比较生硬也有一定的难度，所以思想政治课教师可以将舆论比较关注的"反杀案"引入教学中，让学生通过案例分析进一步理解课程内容；其次教师要合理利用新媒体呈现案例，在吸引学生注意力的同时适当给予其指导，防止学生得出相悖的答案；最后教师要做好归纳与总结，及时做出点评，帮助学生认识自己分析中的优势与不足，增强学生对课程的消化与理解。

另一方面，互动方法要符合情感需求，即要满足学生情感、态度和价值观塑造的需求。思想政治课教师要创新拓展主题式互动和实践式互动的研究和运用。主题式互动，指思想政治课教师在进行教学互动时，可以根据教学内容抛出一个主题，让学生围绕主题收集资料、发表看法，在这个过程中实现学生认知和情感的共鸣。主题式互动重在创设情境，思想政治课教师要鼓励学生利用新媒体设备，集文字、图片、音频、视频等于一体，将理论知识与主题情感融于一体。如在讲《中国近现代史纲要》时，教师可以设定具体的主题，让学生结合教材收集资料，以课堂展示的形式轮流来讲，并结合学生互评、教师点评等环节，让学生沉浸其中，感受仁人志士的爱国情怀和美好生活的来之不易。而实践式互动，则指思想政治课教师根据课程教学的具体要求，有组织、有计划、有目的地带领和引导学生适当地进行各种校内外的社会实践互动活动，让学生通过设身处地亲身体会，践行课本上所教授的知识，进一步塑造正确的态度和价值观。当前的"互动式"教学往往重第一课堂而轻第二课堂，因此社会和学校都要充分重视实践式互动，一是社会和高校要加强合作，为思想政治课实践式互动提供必要的制度安排、经费支持和后勤保障，为其开展开辟如博物馆、档案馆、烈士陵园、历史遗迹等专门的活动场所；二是思想政治课教师要利用好实践互动的平台，不能把实践搞成走马观花，要有意识地给学生布置相应的实践学习任务，引导学生带着问题参与实践，而在实践结束后，思想政治课教师也要关注学生的感悟与心得，及时对其进行总结。

第四节　高校思想政治教育的教学模式转换

一、高校思想政治教育生活化模式

思想政治教育只有贴近生活、指导生活，其价值和魅力才能得到进一步彰显。高校思想政治教育生活化是提高大学生思想教育效果的"关键一招"。高校教育者应以相关的理论为指导，转变教育思想，更新教育理念，将教育理念应用到日常生活中，把教学方式融入现实生活中，在整个教学过程中以学生为本，使学校管理方式贴近生活，使教育和管理与生活并驾齐驱，相向而行，最终使教育融入生活，获得高校思想政治教育的最终效果。

（一）教育理念要回归日常生活

教育者要更新教育理念，做到围绕学生的日常生活进行教学，选取与学生生活相关的教学内容，制定适合学生的教学目标。

1.凸显教学内容的生活性

教学内容包含教育者传递的理论知识和教育思想，如何更好地让学生理解理论知识并接受教育，选取贴近生活、融入学生生活经历的教育素材至关重要。

第一，选取具有生活性的教育素材。生活是具体的，不是抽象的，也不是悬挂在空中触不可及的。思想政治教育是做人的教育，教育者应当选取生活中真实的、客观的、可靠的教育素材，虚假的、不合时宜的素材只能产生适得其反的效果。因此，教育者在选择教育素材时应做到"因事而化"，即要与学生生活中发生的大事、小事相联系；"因时而进"，即要与生活"现时"相呼应，教育素材应与时俱进，反映时代发展特色；"因势而新"，即要根据新时代社会发展大势、现代生活发展趋势，选择富有时代内涵的教育素材。教育者在生活中要有一双发现教育素材的"慧眼"，要善于发现生活中不断发生的"大事"和"小事"，要在教育过程中精心挑选与教学内容或学生生活相关的热点事件、生活故事，找准切入点，注重与教学内容的契合性，以及对学生教育的针对性，将故事与理论融合起来进行教学。另外，"有铁的事实、好的道理，还要有耳目一新、引人入胜的表达"。教育者在教育过程中，要设置与生活相关的议题，创设与生活相关的情境，注意话语的趣味性、亲和力以及学生的接受程度，运用生活中众所周知、耳熟能详、贴近学生生活的话语对教学内容进行阐释，提高教学的艺术性、趣味性，使学生倍感亲切，从而深化其认知，使其将理论转化为行为。

第二，在教学中融入学生生活经历。使学生的思想和行为符合社会行为规范，更具有道德意义，是思想政治教育的基本诉求。对于新时代大学生来说，谁讲不重要，重要的是讲什么，所以教育者应多关注学生经历，在教学过程中"投其所好"，充分调动学生学习的积极性，引导学生把生活中遇到的人、事、困惑与喜悦在课堂中进行展示和分享，并结合其所讲内容，解学生之所忧、之所困，那么思想政治教育就可以直抵学生内心最深处了，不仅符合学生的"口味"，而且还可以取得良好教育效果，可谓一举两得。另外，学生多年的生活和学习经历，在头脑中形成了自己的知识结构，这些已有的认知对于学生学习新知识的影响不言而喻，如果新学习的知识和大脑中已有的知识相近，那么学生的学习速度就会加快，否则，就会减慢。所以教育者在教学过程中，一定要通过多种途径多方面地了解学生已有的认知、需求和生活经历，在教学过程中融入相应的生活元素，在教授新知识时尽可能多地考虑学生头脑中已有的认知，利用学生头脑中已有的认知同化新知识，以使学生更好地学会新知识并在生活中运用新知识。

2. 凸显教学目标的适用性

教学目标制定得是否恰当对提高教学效果至关重要。教学目标的适用性就是在对学生进行教育的过程中，制定贴近学生、又具有一定理想性的目标。当然，这种理想并不是高不可攀的，而是经过努力可以实现的。为了更好地凸显教学目标的适用性，教育者在制定目标时要重视目标的差异性和现实性。

第一，制定差异性的教学目标。大学生来自祖国的五湖四海，学生的受教育水平和学习能力参差不齐，所以教育者在制定教学目标时要考虑各种因素，做到具体问题具体分析，分层次制定教学目标，而不是千篇一律，不能提出与学生现有水平相差较远的教学目标，在制定目标时既要有与学生生活相关的"小目标"，也要关注学生可能达到的高度，制定相对高一点的"大目标"。"小目标"可以融入学生生活，使学生在生活中就可知、可感、可行；"大目标"可以是学生"跳一跳"通过自身努力可以实现的，这能够增强学生的自信心。另外，制定差异性的目标还要关注不同的学生群体，对于高年级学生，由于他们的思想比较成熟，所以在目标的制定上就可以层次高一些；对于低年级同学，由于他们生活阅历和经验不够丰富，所以可以制定层次低一些的目标。针对同一群体，由于学生的思想发展快慢不同，目标也应有所区分，如针对学生党员和学生干部这个群体，在目标制定上应有一定的区分。但是，无论针对哪一类学生群体，制定什么样的目标，目的只有一个，就是有针对性地改善学生思想，用"精准"的目标来对学生进行教育。

第二，制定现实性的教学目标。现实生活是每人每天都能切实感受到的，教育者在制定"思政课"教学目标时必须关注现实生活，制定具有现实性的教学目标，而不是制定脱离生活、脱离现实"高、大、空"的目标，教师培养的是生活中的人，目的是使学生在现实中更好地生活，而不是对学生提出过分的、不符合实际的要求，因为"人的存在并不总是表现为一半是野兽，一半是天使的二重分割"。教育者在制定教学目标时，应多关注"中间地带"的学生，制定符合大多数学生生活实际的目标。当然，关注"中间"并不是忽视"两端"，因为中间的人数多，是生活中的主力，他们的思想状况会影响整个群体的思想状况。所以，一定要以实践为依据，把对学生的思想政治教育作为出发点，而不是把学生当作某种"手段"，应制定"有血有肉"具有现实性的教学目标。

（二）教学方式要融入现实生活

思想政治教育普遍使用的教学方式是传统的理论灌输式。其不注重学生在学习过程中的主体地位，教育者很多时候将有趣的、多样的教学方式"抛之脑后"，导致教育效果不佳。因此，教育者应摆脱经验主义的"窠臼"，注重教学方式的时代性，注重运用情境教学、心理咨询和社会实践等符合时代发展要求的教学方式。

1. 注重运用情境教学和心理咨询的育人方式

新时代大学生思想变化是多样的，传统的育人方式难以吸引学生的注意力。要调动学生的"胃口"，就必须采取富有吸引力和有针对性的育人方式来改善学生的思想，情境教学和心理咨询是高校创新思想政治教育教学方式且富有成效的重要方法。

第一，注重运用情境教学法。知识不能脱离情境而单独存在，情境教学就是教育者在教育过程中，采取情境再现的方式，将生活中发生的与教学内容相关的场景，通过多媒体或学生表演的形式再现出来。可以查找生活中发生的真实故事，结合教学内容一起讲授，这样不仅可以"寓教于乐"，而且可以增加对学生的吸引力。可以直接将学生生活中发生的、有教育意义的故事"搬"进课堂，这样对学生的教育是直接的，而且可以使学生感受到"如见其人"和"如闻其声"。但是无论采取什么样的形式，其目的就是让学生在感受真实生活世界的过程中，以一种独特的且自己非常熟悉的方式来反观生活，引发深入的思考，提高育人效果。

第二，注重运用心理咨询法。现如今大学生的就业等各种压力纷至沓来，这对学生的影响可能不仅是思想上的，而且还有心理上的，所以引导学生转变思想仅靠对学生的思想进行教育或学生自身的调节可能是难以见效的，因为学生的有些问题看起来是思想问题，实则是心理问题。所以教师应双管齐下，可另辟蹊径采用心理咨询的方法对学生进行心理干预，帮助学生理性看待自己，辅助学生解决思想上的问题，促使其全面发展。

2. 重视社会实践的育人方式

学生的发展是全面的发展，在课堂中对学生进行的教育，满足不了其在新时代全面发展的需要，而且也难以满足新时代对其提出的新要求。实践是理论之源，学生需要亲自体验一些知识和理论，才能获得真正意义上的理解，同时可以将其用以指导自身实践，这就要求教育者应注重社会实践的育人性。

第一，注重社会实践的育人性，改变传统课堂的"孤岛"式教学。"实践教育是人全面发展的决定性因素"，教师不仅要使学生在课堂中学习理论知识，而且还要使学生在实践中进行自我教育，毕竟生活是动态的，不是一成不变的。这种体验是学生亲身感受到的，不是通过表演、展览等伪装出来的，这就犹如人在水中学习游泳一样，其效果是真实的、有效的。另外，从纵向来看，社会是学生最终的归宿，从人生的发展阶段来说，学生的学校生活仅仅是其人生的一个阶段，然而人并不是只在学生时期需要教育，人生的不同阶段都需要教育，而且其内容因成长阶段的不同而不同，人的教育是一个终生的过程，那么这个教育的课堂就是社会这所大的学校。从横向来看，对学生的思想教育不能只在校园内进行，也要在校园之外开展，不能使学生成为在校园之内是道德的人，校园之外就是"无恶不作"的人。所以转变教育方式，引导学生进行社会实践是非常必要的。

第二，注重社会实践的育人性，改变传统的"知识性"教学。学生的发展是整体的、全面的发展，学生全面发展的前提是掌握一定的知识，除书本知识外，生活实践中体验感悟到的知识同样也是学生全面发展不可或缺的一部分，且通过实践获得的知识更具"实战性"。回想人类最初的思想道德教育，毫无疑问都是在生活、生产中开展的。学生思想的改变需要一个过程，不是45分钟就可以"瞬间"改变的，而且这个改变需要课上课下协同进行。现在高校对学生的思想政治教育以教材为基础，在课堂中进行，在科学世界中进行，但是这样的教育是不全面的，因为科学世界是以生活世界为根基的，是从事专门教育活动和知识传授的世界。所以，生活才是对学生进行思想政治教育最基本、最全面的世界。"纸上得来终觉浅，觉知此事要躬行"，学生在课堂中、教材中学到的关于道德教育的知识，是普遍且具有共通性的，而社会生活中有大量的道德教育知识是不可言说、且对学生思想影响具有一定特殊性的。有些道德教育知识是"搬"不到教材中去的，是教育者说出来、但学生不一定能真正深刻领悟到的，需要学生亲身体验才能体会、感悟出来。因此，教育者必须创新教学方式，引导学生在生活中进行实践、体验、感悟，使学生游离在科学世界和生活世界中，做一个全面发展的人。

（三）教学过程要以学生为本

1.尊重学生的主体地位

教育者要想激发学生对学习的兴趣，就必须转变教学方式，使"灌输式"教学向"启发式"教学转变，并且在教学过程中融入情感因素，激发学生在现实生活中践行知识的自觉性。

第一，使"灌输式"教学向"启发式"教学转变。在传统的"灌输式"教学过程中，教师常把学生当作接收知识的"器皿"，这样的教学是一种"你打我听"的教学方式。教学活动的主要实施者是教师，学生是接受知识的客体，师生之间不是平等对话关系，教师是知识的"搬运工"，搬运的知识就是"圣经"，这样的教学是脱离生活世界的教学方式。与之相反的"启发式"教学是符合时代发展要求的教学方式，"启发式"教学强调教师要引导学生学习，做学生学习的"助产士"和"促进者"，要求师生双方平等对话，一同探索真理。教育者在教学过程中，首先要发扬教学民主，转变以往师生之间"主体—客体"的关系，建立一种"主体—主体"的交互式师生关系，在教学过程中做学生学习的"引路人"，师生双方相互配合，从而实现预定目标。其次学生的很多感悟是在生活中体会出来的，在师生相互交流过程中，教师要调动学生关注生活的积极性，使之将知识的学习与生活紧密相连，寻找知识和生活的契合处和交汇点，这样就可以增加学生对生活的热爱之情，同时也可以形成良好的课堂学习氛围。因此，教学方式的转变，不仅是师生双方平等主体地位的体现，也是转变教育思想、提高教育质量的必然选择。

第二，融入情感因素提高学生将知识运用到现实生活中的自觉性。情感一直贯穿教育过程的始终，教育者在教学过程中做到以学生为本，与学生平等对话，可以激发学生学习的积极性。但是如果在师生交往过程中，教师不融入任何情感色彩，仅是"我说你听"，那么师生之间的交往便是"冷淡"的；如果没有情感的"掺杂"，那么教育者的教就仅仅是教，学生的学也仅仅只是学。所以教育者在教学中要投入情感，要进行有"温度"的教育。对教育者来说，在教育过程中以情感为基础，有情感地对学生进行有"温度"的教育，可以使教学内容直抵学生内心深处，触动学生心灵，从而达到预期目标。因此，一方面对教育者来说，教师应"换位思考"，在教学过程中站在学生的角度，体会学生真实的情感，用"爱"去关心学生，用"情"去感化学生，缩短师生之间的心灵距离，这样教育效果必然会显著提高；另一方面对学生而言，在学习过程中如果能体会到情感的存在，那么必然会自己端正学习态度，如此对于知识的学习就不只是停留在认知层面了，而是更进一步达到对知识认同并践行的程度。另外，情感的存在可以使课堂变得更加"温暖"，可以更好地吸引学生关注课堂、热爱课堂，因势利导，使其进一步关注生活、热爱生活，这就会形成一个良性互动，把"让我做"转变成"我想做"。因此，教育者在教学过程中，需要在尊重学生主体地位的基础上，融入情感因素，以激发学生对知识的渴求和对生活的热爱。

2. 重视对学生的引导和针对学生的需要开展教学

生活化的教育方式不仅要靠教育者教育理念的转变，教学方式的创新，还需要教育者与学生"齐头并进"，这样才能使二者相互促进、相得益彰，最终取得良好教育效果。为此，教育者在教学过程中要注重对学生的引导，并以学生的需要为导向来开展教学工作。

第一，注重教育者在教学过程中的引导作用。教育者是学生成长道路上的"领路人"，应弘扬"工匠精神"，潜心研究教育教学，注重自身在学生的学习和思想上的引导作用，做好方向的引领。要千方百计地调动学生学习的自主性，而不是"压迫"学生学习。首先，教育者要引导学生转变其对待生活教育的态度和思想，改变自身以往"出力"而不"讨好""喊破嗓子"式的教学，这样的教学做的只是"无用功"，教育效果只能是"事倍功半"。其次，倡导生活化的教育不仅是要教师转变教育理念和教学方式，更主要的是让学生转变思想，如果学生在教师的引领下在日常生活中做个有心人，关注生活对自身的教育意义，那么教育者取得的教育效果定是"事半功倍"的。所以教育者在教学过程中应有意识地引导学生关注生活，把生活的教育作用潜移默化地融入教学过程中，引导学生去认同和践行生活教育。因此，教育者有针对性地引导是取得绝佳教育效果的关键。

第二，以学生的需要为导向开展教学工作。首先，教育者要调整与学生之间的"焦距"，近距离接近、观察学生、关心学生，做到从学生中来，到学生中去，深入"一线"，了解学生的困难和思想上的"结"，以学生的需要为教学的起点，根据学生关注的"点"制订具有一定针对性的教学方案。其次，在关注学生现实需要的同时，也应关注现实需求与长远需求的有机结合。教育者可以根据自己的教学经验和学生的需求层次，在满足现有需要的基础上，引导学生追求更高层次的需要，使之树立远大理想，进行自我教育，这样在既尊重学生主体地位的基础上，又对学生进行了"接地气"的教育。最后，多种途径满足学生的合理需求，无论是满足精神的还是物质的需要，目的都是在尊重和满足学生需要的过程中对其进行多方面教育。

（四）学校管理方式要贴近现实生活

学校对师生的考评方式和考核标准对师生的导向作用是巨大的，直接影响师生工作和学习的"着力点"，所以学校必须从师生的现实生活和实际需求出发，来完善对师生的考核评价机制，为师生提供有针对性的工作和学习导向。另外，与学生每天相伴的校园环境，发挥着对学生隐性教育的作用，因此学校必须重视校园环境的育人作用，发挥其隐性育人功能。

1. 改进对师生的考核评价机制

学生是活生生的个体，对学生进行评价的机制的优劣会影响其学习的自觉性。所以高校对学生的考评应改变传统的单一的以"分数论英雄"的考评方式，倡导多样化考评方式和标准；关于教育者，应调整和完善考核方案，形成多层次、多样化的考核体系，进而找到二者之间的平衡点。

第一，优化对学生的考评方式，倡导多样化考评标准。学生的品德优劣不是一张试卷可以测出来的，对学生的考核评价应采取多样化的方式，这样可以对学生有一个全面的、全方位的了解，同时也可以改善学生过分追求分数的态度。

首先，完善对学生的考评方式。目前学校对学生的考核评价仍以考试为主，如果一时难以改变这种评价方式，高校可以转变思想，更新理念，改变考试内容，围绕学生的实际生活设置适当的题目，如多使用生活中可见的类似案例，使育人和考试相向而行，实现考试和育人两不误。其次，注重对学生的过程性考核，关注过程性动态考核方式，引导学生参加志愿者等社会公益活动，在此过程中观察其思想和行为的变化情况，观察考核学生的实践和合作能力等。最后，实现评价主体多元化，对学生的考评只参考考试和社会实践等是不合理的，难以做到对学生的全面考核，高校可以探索除考试和实践之外的其他考评方式，如同学同伴群体之间互评，因为他们每天朝夕相处，互相"知根知底"，对彼此在生活中的表现了如指掌。同时还可以在教育者的引导下进行自我评价，虽然这种评价可能会出现"虚假"情况，但是学生在经过"扪心自问"这个"痛苦"的过程之后，对自己的思想定会有所冲击。总之，无论采取哪种评价方式，一定要形成考评合力，并且要健全考评结果的反馈机制，总结考评经验，从而制订更加有效的考评方案，更好地发挥考核标准的导向作用。

第二，调整教师考核评价导向，多方面完善教师考核评价标准。教育要发展，教师是关键，考评标准对教师的工作方式和教学行为具有较强的导向作用，决定着教育者将主要精力用在哪些方面，所以高校应结合学校教与学的实际情况，制定"个性化"教师考评要求。首先，在进行教师培训时，应注重对其进行有方向性的引导，将生活教育理念作为培训的重要内容和主要方面，引导教师在教学方式和教学内容方面下功夫，在考评时注重对教师生活教育理念、教学方式和教学内容生活化方面进行考评。其次，完善学生对教师的评价标准。在学生对教师进行教学评价时，把教师在讲授教学内容时是否与生活相联系，是否引导学生关注社会热点事件和热点话题，是否关注学生的思想状况，是否选取"接地气"的教育素材,是否制定贴近学生实际的教学目标等作为考核内容,发挥学生评价的反馈作用。最后,改进教师听课标准。把教师在讲授新课过程中是否关注生活,是否把知识与生活相联系,是否做到"以生为本"作为教师互评的参照标准。总之,通过完善对教师的考评标准,做到具体问题具体分析,制定符合本校实际的教师考核评价体系,来促进教学质量的整体提升。

2. 注重发挥学校环境的隐性育人作用

学校必须重视校园环境的育人作用,物质环境和文化环境同等重要。

第一,注重校园物质环境的育人性。校园物质环境是有形的,学生可以看得见摸得着。除了注重校园建筑等大型环境的育人性,还应关注校园小型环境的育人性,如在食堂、图书馆等地张贴相关育人标语,这些看似不起眼的标语,对学生思想的影响却是无声的。图书馆是学生学习的"主阵地",教学楼是传授知识的主要场所,工作人员可以在图书馆和教学楼等主要场所摆设一些雕塑、名人画像等具有文化底蕴的物件,将没有生命的建筑赋予生命和灵性,这样可以使对学生的教育达到事半功倍的效果。另外,食堂、宿舍和图书馆等地的工作人员"时刻"陪伴在学生的校园生活中,他们的言行或多或少地都会影响学生的思想,如果他们素质既高又能够尽心尽力做好本职工作,那么学生感受到的美好对其思想的影响可想而知。所以,学校对他们应做到定期培训,以提高他们的整体素质,进而发挥服务育人的作用。

第二,注重校园文化环境的育人性。校园文化环境是无形的,但是对学生思想的影响却是巨大的。它可以陶冶学生的情操,塑造学生的品格。另外,"活动是进行隐性教育的最好方式,是隐性思想政治教育的主要渠道"。在校园内开展积极向上、丰富多样、有艺术气息的文娱活动是对学生进行隐形教育的有效途径,学校必须充分利用校园活动的隐性育人作用,既要调动学生参与活动的积极性,又要结合活动对学生进行思想政治教育,从而实现全程育人、全方位育人。首先,学校可以利用重大节日的教育作用,如在抗日战争胜利纪念日、国庆节等这些非常具有纪念意义并可以"点燃"学生内心"火焰"的节日里举行各种各样的活动,以激发学生的爱国之情和报国之志。其次,学校可以利用大型会议开闭幕式、升国旗仪式等具有仪式感的活动对学生进行思想政治教育。最后,学校可以组织学生观看具有代表性的党和国家的一些重要会议,如党的十九大开幕式等,这对学生思想的影响是不言而喻的。通过对校园文化环境不同方面的关注,形成拼搏、向上、进取的校园文化氛围,这对改善和提升学生的思想境界是不可或缺的。

二、"融入式"实践教学模式

"融入式"高校思想政治工作坚持以人为本的理念，注重潜移默化地育人，鼓励实践教学，坚持因材施教的原则；利用各种信息媒体的融入以及各种思维水平训练的融入，在具体的实践教育工作中实现了显性和隐性教育的结合；同向联系与反向联系的结合，文化资源与教育资源的融合，提高了高校思想政治教学的实际效果，进一步推动了高校思想政治课程教育体制的革新。

（一）"融入式"实践教学的方法

"融入式"高校思想政治理论课教学在原有的思想政治教学形式的前提下，利用人文精神培养的融入、网络宣传媒体等的融入，构建了一种让高校学生喜爱的、生动有趣的思想政治教学模式。

1. 融入人文情怀培育

高校学生的人文精神关系到学生情绪、生活态度和价值观等各个层面。对思想政治教育工作者而言，其不但要有科学精神，而且还要有良好的审美能力和思想政治素养，因为学生的思想政治素养直接关系到国家的未来。人一生的发展，需要优秀的内在，将人文情怀融入思想政治工作中，可以更好地实现这一目标。因此，高校要注重人文情怀的融入，积极探索思想政治教育的新模式。

例如，天津大学2015级马克思主义学院硕士生班积极响应国家"全民阅读"的号召，丰富学生精神文化生活，营造高雅校园文化氛围，定期举办"含英咀华，书香思政"师生读书分享会，笃行了"进德、修学、储能"的育人理念，学生在潜移默化中受到文学的熏陶，综合素质得到提升；其把握学生思想动态和生活特点，立足学生实际，为学生提供良好的学习生活氛围，定期开展微视频大赛，在各种比赛与集体活动中进一步融入人文情怀。

另外，该学院注重专业内涵建设，注重人才培养，立足学科和专业建设，狠抓教风、学风、考风，开设诚信考场，首次开展无人监考，得到了教师、领导的一致认可。通过融入人文情怀，其取得了思想政治教育育人的良好效果。

2. 融入网络宣传媒体

运用网络技术强国需要网络传媒把思想政治教育渗透其中。思想政治教学的新媒介必须同传统媒介融合。现在微文化发展的速度很快，高校学生的选择面也很大，高校如果仅把过去教学的内容和形式如法炮制，那么将很难产生效果，应当正确把握现代高校学生的思维和行为方式，从他们的现有生活中找到有效的方法。

所以，高校要接受大学生接收信息途径的新变化，全面运用网络丰富的传输方法和科学的传媒技术，适应时代的需要，加强思想政治教育，建设校内新颖时尚的视听媒介生产和播放平台。加强学生的主人公意识，调动他们参与学校思想政治宣传教育工作的积极性。面对网络对当今思想政治教育的影响和挑战，各高校应坚持教育与服务相结合，调动学生参与的积极性，推进网络宣传媒体的融入，充分运用毕博网站、QQ练习等方式进行形式多样、让人喜闻乐见的思想政治教育。

（二）"融入式"实践教学的经验总结

在高校思想政治教师的带领下，这种"融入式"的思想政治教学旨在加强课堂教育、具体的实践教育、信息教育的密切联系，体现思想政治教学的政治性、情感性、灵活性，全面提高高校学生的思想政治水平，让他们能够健康成长。

1.坚持以人为本的理念

高校作为社会主流思想意识形态存在发展的主阵地和先进思想传播的前哨，承担着革新和发展思想政治工作形式的重任。而"融入式"的思想政治课程教育体制改革的创新必须满足人的全面发展的要求，既需要立足高校实际，坚持全员、全程、全方位的运行机制，面向全体、基于专业、强化实践、贯彻始终，一切从大学生的实际出发，又需要强化对学生人文情怀与认知能力的培养，在育人的核心理念上坚持以人为本。厦门大学在思想政治理论课的实践教学中，坚持教师带队，组织学生参加一系列的实践教学活动，并取得了丰硕成果。从人可以全面发展的视角来看，本着对人无声地影响的原则，切实地实现了尊重每一个人，关心每一个人和切身利益，激发人的潜能，激活人的创造力，并通过一系列摆事实、讲道理的启发性思维，满足学生个性发展的需要，使学生多方面的潜能都能得到充分发挥，从而促进个人的发展与整个社会的进步。

2.坚持因材施教的理念

如果要使高校学生的思想政治教育学工作获得实际效果，那么这一学科的教师就应该改变传统的方法，因人施教，提高学生的整体素养，创新思想政治教育思路，以提升"融入式"思想政治理论课的针对性。高校思想政治教育的对象是在校大学生，"融入式"高校思想政治理论课教学体系的创新需要面向全体大学生，其要求教师运用不同的思想政治教育方式，因时、因地、因人而异地正视矛盾的特殊性。

首先，针对不同阶段的工作任务开展教育，分段培养。学生思想的多元化决定了思想政治教育不同阶段教育方式的多样性，学校可根据学生入学时间的不同，确定不同阶段的教育目的和计划。学期开始，可以帮助他们制订好发展规划，在课程教育体制方面应体现分阶段教育的思想，思想政治理论课的教学内容须与时俱进，教师应不断丰富学生的基本理论知识，促进学生学业水平的提高和学习能力的提升。一段时间后可以关注他们的心理问题，重视心理辅导，妥善处理好他们在校期间的各种心理问题，指导工作的重心应放在他们实际工作能力的养成方面，帮助学生把知识转化为能力，进一步提升学生的整体素养。后期应做好他们的就业培训工作，协助他们制定人生和职业发展的规划，进一步引导毕业生树立正确的就业观、择业观和创业观，正确掌握社会环境对人才的不同需要，积极创造全面培养人才的新局面。

其次，针对不同的对象进行分门别类的教育。在学校生活中，有关部门必须重视对困难家庭学生的照顾和帮助，特别是对那些单亲家庭的孩子要给予更多的关爱，对他们的心理问题给予疏解，帮助其树立正确的世界观、人生观、价值观，以更加积极健康的心态融入集体，使思想政治教育工作更富人情味，进一步提升学生的整体素养。

3. 坚持理论与实践相结合的理念

传统的思想政治理论课长期以灌输的方式进行，而且一般都限于课内，这并不能消除学生的思想和心理障碍，所以思想政治教育工作的实效性问题还不能得到很好的解决。"融入式"思想政治工作培育目标与思想政治理论课的目标相一致，意在鼓励实践教学，打通第一课堂与第二课堂的关系，辨别内需与外需的关系，处理好理论与实践的关系。在重视理论教学的同时，还应发挥实践教学的重要作用，坚持把理论教学与实践教学结合起来，这是提高高校思想政治理论课实践教学实效性的有效途径。

开展红色案例专题教学，就是坚持理论教学与实践教学相结合。具体而言，即首先通过课堂理论教学，对每个案例进行理论分析和讲授，使学生获得理论认识。其次通过实践教学活动的组织与体验，使学生进一步获得情感认知，更加深化对理论知识的理解，从而能够在实践中更好地运用所学的理论知识来观察、分析和解决问题，不断提高他们的实践能力和认识能力。

长期以来，中央财经大学思想政治课程教育工作者在工作实践中十分注重第一课堂与第二课堂的结合，主张将高校思想政治理论课主渠道与其他思想政治工作相融合。其中，第二课堂等相关内容，可以借助第一课堂进行理论的梳理和总结，第一课堂讲授的内容可以通过第二课堂进行实践的锻炼与完善。思想政治理论课任课教师、党团工作者、辅导员等如何沟通联系是关键问题。在第二课堂的实践教学中，中央财经大学将第一课堂的教学内容灵活地运用到第二课堂中，开展了"两个论坛，一个讲座，三种活动"，增强了第二课堂的生动性和趣味性，使思想政治教育成为大学生喜闻乐见、愿意接受的主流意识形态教育。

此外，中央财经大学社会学系在坚持本科生导师制的基础上，尝试让思想政治理论课教师从"经师"向"人师"转变，让思想政治课产生一个新型的联系，探索实践教学新模式，并一直延续下去。开展了在思想政治理论课教师引导下的学生自主学习、师生平等交流的读书会活动，以社会科学和流行书目为载体，扩充了学生的理论知识。通过定期举办学术沙龙，重点培养了学生的阅读、思考、分析、解决问题和交流表达能力，锻炼了学生自主、平等、开放的学习能力。第二课堂的开展，进一步提升了实践教学的有效性，开创了思想政治课程实践教育的新高度。

（三）"融入式"实践教学模式的发展特色

"融入式"思想政治课程在实践教学中实现了显性与隐性结合、正向与反向联系，也是高校思想政治课程体制的革新和大胆的探索。

1. 隐性教育与显性教育相融合

"融入式"高校思想政治教育工作使整个校园的物质环境、精神文化环境和学校组织的各种活动与思想政治教育本身的内容有机结合，实现了显性与隐性教育的结合。高校改革之后，学校的环境和人文精神构成了一个整体，这对于学生思想政治素养的提升起到了至关重要的作用。

并且，"融入式"高校思想政治教育十分重视高校文化方面与思想政治课程有关的隐性教育。假如高校的外界条件是高校精心准备的自然环境，属于隐性思想政治教育的组成部分，那么学校的组织和制度则是一种显性教育因素。"融入式"大学生思想政治工作的隐性教育就是营造一种浓郁的人文气氛，这种文化氛围能表现高校的个性和本质，也就是高校的校魂。所以，高校在"融入式"思想政治课程开发的过程中，应立足于人的文化和精神方面的总建构，并且同显性的思想政治工作有机地结合起来，通过各种活动实现培养教育学生的目标。

2. 正向衔接与逆向衔接相融合

正向衔接，即按照时间的同一性，依照从以往到目前、从过去到现在的时间次序，完成高校思想政治教育改革和创新的目标。"融入式"高校思想政治教育应重视实践与教育的关系，不管是对基本概念还是理念的阐释，教师都必须向学生介绍以前和现在的研究成就，只有在学生了解以往思想政治教育成就的基础上，教师才能在以后思想政治教育方面有所创新。然而，逆向衔接也能出奇制胜，效果显著。所谓逆向衔接就是以目前思想政治教育中出现的各种现象和问题为出发点，回溯以往，深入探索当代思想政治教育工作的思想根源和历史文化的关系，进而实现现代与历史的高度统一。"融入式"的教育方法在具体运用的过程中，把正向的衔接和逆向的衔接进行了统一，目的是使高校学生在实践中可以感悟深厚的思想道德文化内容，这对高校思想政治课程教育体制的创新也是一种可贵的探索。

3. 文化资源与教育资源相融合

为实现文化的教育价值，高校应将文化资源以各种生动活泼、学生喜闻乐见的形式引入思想政治理论课的教学实践中；在整合文化资源的基础上，遵循思想政治教育的特征和原则，根据时代变迁的要求赋予文化资源以时代意义，从而进一步实现文化资源与教育资源的融合；文化资源与教育资源相融合的过程，不是对文化的简单梳理和对教育的简单过渡，而是一种自然的转化过程。在教学实践过程中，教师应充分尊重学生主体对文化继承的自觉性和能动性，帮助和引导他们在文化学习过程中主动与教育资源融合，践行"知行合一"的理论，推陈出新。

第五章　高校辅导员岗位职责与角色定位

高校辅导员是我国大学生思想政治教育和管理工作的骨干力量，承担着培养人、教育人的重要职责，扮演着重要的社会角色。国家高度重视辅导员队伍的管理和建设工作，特别是对高校辅导员的角色定位和作用发挥也做了更具体的规范。高校辅导员管理中的角色定位影响着高校辅导员的工作效率。本章分为高校辅导员制度的历史演变、高校辅导员的工作职责、高校辅导员的角色定位三个部分。主要包括我国高校辅导员制度的发展历史、存在的问题及原因，明确高校辅导员的工作职责、高校辅导员的角色定位路径等内容。

第一节　高校辅导员制度的历史演变

一、辅导员相关概念及特征

（一）辅导员的概念

辅导员不仅是高校教师队伍的重要组成部分，而且是高校管理不可或缺的一部分，是高校开展思想政治教育的有力保证，是全面落实学生日常思想政治教育的指导者，是完善管理工作的实施者。因此，辅导员不仅要承担起教师与干部的双重责任，而且还要与广大的学生建立良好的关系。

高校辅导员要走在学生工作的第一线，其主要任务包括以下几点：一是当好大学生职业生涯的设计者，引导学生树立科学的目标，夯实广大学生日后发展的基础；二是做好广大学生的老师，因此在日常工作中还要充分利用自己的行为、知识、经验，更好地引导学生，有效地把握学生的心理动态，及时帮助他们解决思想、心理等各方面的困惑，做他们成才路上的引路人；三是成为大学生的知己朋友，成为他们健康成长最合格的指引者。辅导员（队伍）管理包括高校或院系依照国家相关制度和政策，对高校辅导员进行选聘、培养、考核、奖励、任用等行为。

（二）辅导员的特征

辅导员在高校工作中是学校、院系等各部门工作的具体实施者，是学生与各院系、处室部门间的桥梁纽带。学生在校期间接触最多的便是辅导员、教师，辅导员与学生最亲近，学生干部的行为养成容易受到辅导员工作风格的熏陶。

辅导员的准入门槛比专业课教师相对较高，鉴于思想政治教育工作的特殊性，辅导员队伍管理具有政治性强、时效性要求高、工作纪律性严等特点。

二、我国高校辅导员制度的发展历史

辅导员在高校教育体系中是落实"立德树人"根本任务的一个重要群体，为更好地开展高校辅导员工作，现有必要对我国辅导员制度发展的历史和逻辑进行研究。通过资料搜集、文件分析和逻辑归纳等方法，回顾了我国辅导员制度发展的历史脉络，在此基础上探究了辅导员身份定位、职责要求等方面的变化，并进一步分析了其逻辑起点和逻辑转向，回答了其变化的内在因素，并力求为辅导员制度的发展指明方向。

在2018年9月召开的全国教育大会上，习近平指出，要精心培养和组织一支会做思想政治工作的政工队伍，把思想政治工作做在日常、做到个人。对我国的高校而言，辅导员队伍在很大程度上承担了包括思想政治工作在内的一系列工作，成为开展学工管理工作和思想政治教育工作等不可或缺的重要力量。

（一）新中国成立后至"文化大革命"的草创阶段

新中国成立之后，我国的各项事业百废待兴。教育作为百年大计，事关能否培养出合格的社会主义事业接班人，所以中央对学生的思想政治教育给予的高度重视。

1953年，清华大学开创性地设计出"双肩挑"的辅导员模式，我国的高校辅导员从无到有，慢慢开始创建起来。此后，中央又颁布数个文件，对我国高校辅导员制度的创建进行补充和规范。

这一时期我国的辅导员制度的建立尚处于摸索阶段，高校对辅导员的选拔途径、角色定位等没有清晰的认识和详细的要求。辅导员的工作一般都由兼职人员来担任，主要任务是处理学生的思想政治工作及相关领域的一些事情。同时国家在许多文件中都把辅导员的工作作为整个高校工作中的一环而一笔带过，并没有将其单独列出来进行细致规范，所以其对辅导员的具体要求也不集中、不系统，而是散见于众多文件之中。

（二）改革开放之后的恢复阶段

"文化大革命"期间，国家的教育事业受到沉重的打击和破坏，辅导员制度也没能幸免。1978 年的全国教育工作会议明确提出要建立一支学生思想政治工作队伍以加强对学生的思想政治教育工作。此后，中央又在十多份各类文件中对高校辅导员的各项要求进行了细化和补充。1995 年原国家教委规定了高校辅导员和学生的比例应维持在 1∶120 左右，在部分高校增设思想政治教育专业、思想政治教育专业第二学士学位班、思想政治教育班，专门培养思想政治工作人员。

这一阶段，对于辅导员的职责要求、身份界定、选拔机制、人员配比、培养方式等，中央均在不同的文件中进行了确定，这使我国的高校辅导员制度得到较快的恢复与发展。但是与前一阶段一样，关于高校辅导员的工作内容仍缺乏专门的文件规范，辅导员制度的发展还没有迈出实质性的步伐。

（三）21 世纪以来的发展阶段

进入 21 世纪，我国的高校辅导员制度终于迎来了新的发展契机。2005 年，教育部《关于加强高等学校辅导员班主任队伍建设的意见》，第一次有针对性地就辅导员、班主任队伍的建设提出了要求。与此同时，各地、各高校结合自身实际，纷纷制订了辅导员工作条例、考评办法等，为辅导员制度的发展做出了规范。教育部思政司在全国各地设立高校辅导员培训和研修基地，并且制定专门的培训计划，进一步重视培养培训辅导员。

2014 年，教育部颁布《高等学校辅导员职业能力标准（暂行）》，明确提出"推动高校辅导员专业化职业建设"，就辅导员的职业定位、功能、等级、标准做出了明确规范，为辅导员专业化建设指明了方向。2017 年，中央颁布《关于加强和改进新形势下高校思想政治工作的意见》，明确要求"辅导员队伍要纳入高校人才队伍建设总体规划，形成一支专职为主、专兼结合、数量充足、素质优良的工作力量"。这是中央首次将辅导员纳入专业人才管理和培育体系，辅导员有了更为光明的发展前景，辅导员制度建设得到了整体升级。由此，我国的辅导员制度步入了高速发展的阶段，制度越来越健全。

三、我国高校辅导员制度存在的问题及原因

为进一步健全高校辅导员制度，教育部先后出台了一系列法规性的文件，但是大多数文件都是从宏观角度指导高校辅导员队伍建设，内容具体化程度较低，制度的操作性不强，在现实运用中还存在不少问题。

（一）辅导员身份定位与岗位职责问题

1. 辅导员的身份定位不清晰

辅导员身份定位模糊是高校普遍存在的一个问题，辅导员的工作职责是作为一名教师还是作为一名行政工作人员，抑或两者兼有？出现此种问题的原因有二：首先，辅导员不属于专业教师范畴，也不是学校任命的行政管理干部，只是兼有处理行政方面的工作事务的职能。其次，高校辅导员制度的不完善使得教师或行政工作人员的身份选择权并没有掌握在辅导员手中，而这种双重身份的规定也使得辅导员在两种身份中游离。

2. 辅导员工作负担重

辅导员的工作职责范围广、内容多，部分工作内容存在与其他工作岗位重复的现象。如高校学生的心理健康教育与引导，许多高校是有心理咨询中心的，但真正把学生心理咨询这一块当成学校重点来抓的高校相对较少，而学校的专业心理咨询教师配备严重不足，无法满足学生的需求，这使得当学生遇到如学习压力、家庭因素、情感受挫、人际交往方面的事情而产生心理疾病时，其首先想到的求助对象是辅导员，而非心理咨询教师。再如职业生涯规划与指导，大学生的整个职业生涯规划是一个系统工程，需要大学生对自身有一个准确的定位，可以说大学生职业生涯规划与指导这门课程是任务艰巨、专业性很强的工作，需要专业的人员来对大学生进行系统的长期的指导。

虽然高校几乎都开设了就业指导必修课或选修课这门课程，但就目前高校现状而言，由于这门课程的学时较少，且基本都是以辅修的形式开设，所以无法真正实现对学生系统的引领与指导，这样一来，学生职业生涯规划与指导的主要工作也就落在了辅导员的肩上。不难看出，随着高等教育的不断大众化，辅导员的工作职责也在这一浪潮中不断超出其原有的范畴，与此同时，辅导员的工作内容逐渐与学校其他部门的工作不断地交叉融合，逐渐出现了辅导员工作职责上的越界行为，辅导员工作职责范围越来越广，这影响了辅导员队伍专业化、职业化的发展。

（二）辅导员配备制度与选聘制度问题

1. 辅导员配备制度不合理

我国在辅导员的人员配备制度方面，存在着制度规定与现实需求脱节的现象。从全国高校学生辅导员队伍的建设来看：一方面，对于教育部要求的按照1：200的标准配备辅导员，很多高校都没有达到这个标准；另一方面，教育部要求配备辅导员的这一标准有待调整。

在实际工作中，对于一些特殊学生群体，如艺术体育类学生，他们的思维较普通学生更为活跃，个性鲜明，有着不同于普通学生的特点和需求，经常会有各种训练及外出参演节目不在学校，相对于管理普通学生而言，辅导员对艺术体育类学生的管理难度比其他辅导员要大，对于这类学生，如果也按照一名辅导员管理 200 个学生甚至更多的话，那么很难真正实现对学生的有效管理。

目前我国高校的团委下设学院团委，学院团委下设学院团委书记，经了解，目前高校的学院团委书记大多是由辅导员兼任的，一方面辅导员学生工作千头万绪，再加上团委学生的工作，所以辅导员的工作压力不言而喻。在上述情况下，如果也按照 1：200 的比例配备学生辅导员，那么很容易导致辅导员因事务性工作太多而无法很好地解决学生隐性问题的情况发生。

2. 辅导员选聘制度缺乏统一标准

国家虽然对辅导员应该具备的业务素质做了指示，但这只是一个宏观上的政策指导，其并未为高校辅导员选聘工作的笔试考核、面试考核等制定相应的具体实施办法，各高校在政策的具体执行过程中，难免会有标准上的误差。在现实情况中，各高校招收门槛高低不一，辅导员质量参差不齐的现状，也使得其在管理大学生的日常事务方面出现了不少的问题。

第一，过多强调政治素养，忽视专业学科背景。通过对全国近百余所高校的招聘辅导员岗位的启事进行归纳汇总发现，几乎所有高校都明确要求辅导员是中共党员，68% 的高校在学科背景方面不做硬性规定；而在要求学科背景的高校中，只有 51% 的高校更倾向于选择有"思想政治教育""教育学""心理学""管理学"等相关专业的应聘者。

第二，学历门槛偏低，与现实需求脱节。随着高等教育的大众化，各高校对招聘辅导员的综合能力要求越来越高，特别是在学历上的要求，也有比较明显的变化。通过对全国百余所高校的辅导员岗位的招聘简章进行分析发现，近年来高校对应聘者的学历要求越来越高，绝大部分高校在招聘公告上明确要求应聘者须是"硕士及以上"学历，部分高校甚至要求辅导员必须是博士，而我国教育部规定的辅导员学历要求应是"硕士及以上"的标准已与现实需求脱节，不能完全适应高校的发展。

第三，招聘存在性别、年龄歧视，地域及学校层级限制。如在性别方面，各大高校更愿意招收男性辅导员，或在其招聘信息上明确规定"只限男性"，更有甚者，对男女应聘者的身高都做出了明确的限制，如男性不低于 170 cm，女性不低于 160 cm。在学校方面，部分学校甚至拔高了应聘者毕业学校在应聘中的作用，以"第一学历学校为 211 或 985"等条件进行限制，这些招聘条件容易导致辅导员队伍性别不均和名校崇拜等问题的产生。

（三）辅导员培养制度与发展制度问题

1. 辅导员培养制度缺乏合理规划

2004 年以后，教育部办公厅与教育部党组先后印制发布了有关高校辅导员培训的相关文件。其都明确地指出了高校辅导员队伍专业化建设的重要性与紧迫性，就目前高校对辅导员的培养现状来看，其距离文件的相关要求还相差甚远。从高校来看，各高校普遍存在重使用、轻培养，重经验积累、轻专业学习的情况，更不用说让辅导员自行选择是否进修了，连外出考察学习的机会也是少之又少。虽然，各高校也会不定期地组织辅导员进行培训学习，但这种培训并未实现常态化。就目前看来，辅导员培训工作中存在的主要问题是，没有一个较为完整的和行之有效的培训方法，使其能够得到健康持续的发展。大多数高校对辅导员的观念、知识、技能方面没有进行及时的培训，其更侧重于狠抓辅导员的常规工作，而严重忽视了辅导员的成长成才。许多辅导员在认识到自我知识储备不足的情况时，会采取自我学习的方式进行能力提升，但在实际操作上，由于大部分辅导员在日常事务性工作方面投入了太多时间和精力，所以其基本没有时间去学习。

2. 辅导员发展制度未形成长效机制

在市场经济的大背景下，求职者在应聘某个岗位时，为了自身的职业发展，一般都会考虑所应聘岗位是否具有明朗的晋升空间以及是否具有广阔的发展前景，而这两点恰恰也表明了该职业是否具有吸引力。对于各大高校的辅导员们而言，这两点似乎都不太乐观，他们的晋升渠道和职业发展之路显得蜿蜒而曲折。教育部的相关文件也曾明确指出专职辅导员可以求聘助教、讲师、副教授、教授，这虽然为各高校的专职辅导员们的晋升空间和发展前景提供了制度保证，但是这条道路仍然充满荆棘。高校辅导员的工作性质具有事务性和烦琐性，这使得他们难以像高校的普通教师和实验技术人员一样拥有大量的时间来进行教学实验和学术研究，相应地他们的相应能力就难以达到高校现有的职称评定标准。也正是由于辅导员们的晋升渠道和职业发展之路蜿蜒而曲折，所以高校辅导员队伍的稳定性低，离职率居高不下。

（四）辅导员管理制度与考核制度问题

1. 辅导员管理责任主体不明确

我国高校辅导员管理制度采取的是党委领导下的党政共管体制，学校党委、学校行政部门是我国各大高校学生工作开展的领导部门，具体落实到辅导员管理责任主体的相关问题时，各个高校都有自己的规章体制，总的来说是多施行校院两级同时管理的制度，具体的事务由下属学生工作处（部）和各个学院的中国共产党总支部副书记或者分管的院长来负责。

但现实情况是这样的：一方面，辅导员的工作性质决定了他们需要同学校的各个行政部门打交道，这使得他们工作的开展几乎涉及学校所有的部门的管理，如图 5-1 所示，常见的主要有学生工作处（部）、学校团委、教务处、保卫处、组织部、招生就业处等部门。

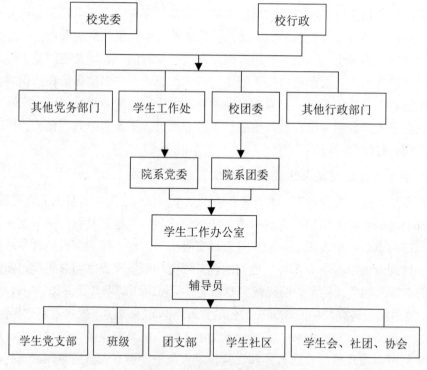

图 5-1　高校辅导员管理模式

另一方面，我国实行的是校院两级共同管理体制，除了学校对辅导员的管理之外，辅导员在学院还要受院系党总支及学院分管学生工作的副院长管理，正是由于这种院校共管的体制以及辅导员工作的繁杂性与开放性，使得辅导员会受到学校诸多部门的管理，这看上去好像辅导员受到了更为严格的管理，但实际上这使得任何一个部门都可以对辅导员进行差遣，无形中增加了辅导员工作的内容与负担。辅导员有时会因为责任主体不明确而缺乏组织上的归属感和开展工作时的踏实感。有时因为一件事情，辅导员需要在学校的各个部门间奔波，学生工作开展的质量不高而且浪费时间，效率低下，这既不利于学生工作的开展，也不利于辅导员队伍的建设。

2. 辅导员考核制度缺乏弹性

现如今，许多高校的辅导员评价机制仍然存在着诸多不完善之处，问题普遍集中在许多评价机制本身就存在辅导员对工作性质认识不足的问题，以及存在体系漏洞和基本的评价指标不明确等问题。目前，高校有关辅导员的评价机制可大致分为以下几种。

其一，立足于辅导员自身品德、能力的评价方式。此方案虽然在一定程度上可以考察辅导员综合素质的高低，但是因为评价存在时间上的局限性，以及辅导员的工作性质本身的特殊性与复杂性，所以其难以形成科学的、量化的、可操作性高的评分体系。

其二，立足于绩效指标的评价方式。一个方案虽然一定程度上解决了方案中所存在的量化度低和操作性低的问题，但是由于片面地将评价指标集中在辅导员工作任务完成的数量、质量、时间和成本上，所以这套评价体系有些浮光掠影，而难以察其深。成果化的评价体系，难以考察完成任务的过程中辅导员所做出的努力，而辅导员自身的工作性质又决定了许多工作的开展是需要大量时间的，所以该评价体系也存在着本质上的不足。

其三，立足于任职资格的评价方式。一个方案在一定程度上可以考察辅导员自身所积累的知识的深度与广度，以及所必需的办公技术的娴熟程度。但是其对辅导员道德品质方面的考核就显得非常不足，而这对辅导员岗位的工作性质而言是不可或缺的。

现在看来，大多数高校的评价过于注重奖惩，这直接导致评价机制成为变相的奖惩制度。辅导员考核制度缺乏弹性，不利于提高辅导员工作的积极性，甚至容易使辅导员产生职业倦怠。

（五）新时期我国高校辅导员制度产生问题的原因分析

1. 辅导员制度的理论研究缺乏深度

近年来，随着国家对高校辅导员工作的重视，不少学者也先后从不同角度对其开展了研究，产生了一系列理论研究成果。但从整体上看，目前的研究主要集中在辅导员队伍的建设上以及对辅导员队伍建设所面临的实际问题上，而相对忽视了对辅导员制度本身的研究，尤其是缺乏从理论的高度形成对高校辅导员队伍建设与发展的系统性的认识，对辅导员制度所蕴含的学术价值、实践意义发掘不够。

2. 高等教育大众化增加了高校学生工作的复杂程度

近年来，随着社会主义市场经济的不断发展、对外开放程度的不断扩大，我国的主流意识形态不断受到冲击，这对我国当代大学生的世界观、价值观、人生观产生了一定程度的影响，学生面临的问题越多，辅导员的工作任务及其复杂程度也就越大，辅导员扮演的角色也就越多。

3. "双重身份"的定位影响了辅导员自身的职业价值取向

高校辅导员的身份定位不清晰，容易造成辅导员对自身身份的认同感不强，"双重身份"的规定使得辅导员在两种身份中游离，工作量加大，工作面扩大，以至于辅导员很难体会到所从事的工作是专业性较强的工作，这也直接影响到辅导员自身的职业价值取向。

4. 辅导员制度细化程度不高

从目前我国辅导员制度的规定来看，虽然国家专门发布了一系列文件，但是大多数有关辅导员制度的文件基本都是从宏观的角度来讲的，没有配以相应的解释条款或实施细则，这使得辅导员制度细化程度不高，导致制度中的某些内容可操作性差，实施起来非常困难。

5. 辅导员制度的部分规定与现实需求脱节

所谓制度非均衡就是人们对现存制度不满意或不满足，意欲改变而又尚未改变的状态，制度变迁实际上就是对制度非均衡的一种反应。高校辅导员制度是对辅导员工作和发展所做的长期设计与安排。从我国辅导员制度的现状来看，一方面辅导员制度作为开展学生工作的一项重要制度，为我国高校人才的培养和高校的发展和稳定提供了保障，另一方面，自改革开放后，我国高校辅导员角色有了较大的转变，工作范围不断扩大，职能也不断丰富，由单一的政治工作，向教育、管理、服务等多种职能转变，工作内容日益增多，负担日益加重。近年来，随着社会的变化发展，高校对辅导员的要求越来越高，辅导员的身份定位与工作职责，辅导员的选聘制度、管理制度、考核制度等存在着部分制度规定与现实需求脱节的情况。

四、我国辅导员制度变化发展的本质原因

（一）我国辅导员制度变化发展的逻辑起点——一元化政治性统合

我国的辅导员制度在六十多年的发展历程中，许多方面都经历了不同程度的变化，其中最重要、最本质的变化当属辅导员角色、职能的变化。

1. 军队指导员制度和苏联大学建制的影响

新中国成立以后，对高校辅导员制度产生深远影响的因素主要有两个：一是革命时期的军队指导员制度，二是苏联大学建制的示范作用。

1932年，当时的中国工农红军学校第四分校制定了《连指导员工作须知》，明确了连指导员负责官兵的政治训练等10项任务。抗日战争时期，党在根据地建立大学以培养军事干部，大学采用部队编制，学生被编入若干大队，大队下设支队，支队下设中队，每一个中队均配备政治指导员，其职能是全面负责基层中队学员的思想、学习、健康和生活等工作。这样一种带有军队特色的模式在新中国成立后依然被沿袭使用。

苏联大学建制的示范作用所带来的影响则显得更加直接。新中国成立后，我国的各项事业均向当时的苏联"老大哥"学习，高等教育也不例外。新中国成立之后，政府按照民族的、科学的、大众的文化教育的总体要求，以苏联大学为模板，对旧大学进行了改造。改造之后的大学被纳入国家计划经济体系之中，形成"一包二统"——一切由国家包下来、一切由国家统起来的体制。同时实行班级化、学年制的教学管理模式，对每一个学校的专业设严格限制。在这样的体制之下，高校没有办学的自主权，一切都由国家进行统筹和安排。

2. 辅导员职能一元化政治性统合的表现

大学的辅导员在设立之初，就带有军队指导员的浓重色彩，尤其是其讲求政治性的特点。而苏联模式的大学办学体系在中国的广泛推行则使计划性的行政约束在高校占支配地位，这使得大学里建起了高等教育的单位制。这一单位制以"一包二统"为体质特征，国家在高校外部建立统一的管理体制，在高校内部则实行校长负责制（党委领导下的校长负责制）。

1952年高校在政治辅导处设立正副主任和辅导员，辅导员的职责是"在主任的领导下辅导一系或几系的政治学习、社会活动，组织推动教职员的政治理论学习和社会活动"。由此可见，政治辅导处完全以政治为唯一的导向，辅导员以高校政治理论和师生政治生活为其工作的主要抓手，即凡事都"政治挂帅"。当时的高校还没有设立专门的学生工作机构，辅导员"政治工作"的内涵在实

际工作中被延伸了，他们在做严格意义的政治工作的同时，还将学生管理、就业分配、社团活动等事务全部纳入，所有的这些都被看作"政治工作"。

在这样的一种辅导员制度模式之下，"政治"成为一元化的工作内容，但是这一"政治"又将方方面面的学生工作包含在里面，也就形成了以"政治"统合所有事务的局面。

（二）我国辅导员制度变化发展的逻辑转向——多元化专业性支持

1. 改革开放以及高等教育改革的大背景

进入改革开放新时期之后，伴随着经济体制的改革，我国的政治、经济、社会等领域均发生了巨大的变化，高校的改革也被提上了议程。1985 年中共中央提出改革大学招生的计划制度、改革毕业生的分配制度等思路，意在改变政府对高校统管过多的管理体制，给高校更多的自主权。1993 年，中共中央国务院印发了《中国教育改革和发展纲要》，提出进一步扩大高校的办学自主权，逐步实施入学收费制度，大部分毕业生采用自主择业的就业方法等。1999 年中共中央办公厅发文《中共中央国务院关于深化教育改革全面推进素质教育的决定》，提出深化教育改革，扩大高校的招生规模等。此后，高等教育在规模、数量上迅速发展，统招生、就业、办学体制、教学内容等方面的改革不断推进，且取得了明显的效果。

2. 辅导员职能转向多元化专业性支持

在高等教育改革不断推进的过程中，高校的学生工作体系越来越复杂、精细，国内的高校纷纷成立专门的学生工作部门，并且大都是将作为党委机构的学生工作部和作为行政机构的学生工作处进行合署办公，统称为学生工作部（处）。同时进一步细分部门设置，设立了思想教育和学生事务管理的专门机构，这标志着在高校已经有了学生思想政治工作和学生事务工作分别由不同人员负责的工作要求。

出现了学生思想政治工作和学生事务工作的分野之后，辅导员原本"一元化"的工作模式就被打破了。如就业中心的成立，一方面是市场化之下高校改革的产物，另一方面将原本辅导员对毕业生工作分配的职责剥离。心理中心的成立，则表明学生事务与政治思想进一步脱离，在此之前高校几乎不关注学生心理问题，心理辅导即"做思想工作"。废除了国家包上大学的制度后，面对贫困生上不起学的情况，勤工助学、资助管理等部门相继成立……越来越多的学生管理事项走上了专业化、专门化管理的道路，以往辅导员"一元化"政治性统合的工作逻辑不复存在。

　　"一元化"政治性统合的工作逻辑不复存在之后，辅导员制度的逻辑应转向哪里？以复旦大学为例，该校《本科生辅导员工作职责条例（试行）》规定辅导员的职责有"思想政治教育工作""学生管理工作""辅导咨询工作""素质能力提升"4个板块、16项内容，除了思想政治教育工作之外，辅导员需要承担诸多辅助性工作。由此可见，在整个学工系统中，辅导员越来越多地提供一些功能性的支持，成为连接学生和各职能部门的桥梁。如向就业中心反馈班级学生的毕业动向、组织同学参加心理健康测试、对贫困生进行认定并为其申请助学金等。

　　因此，辅导员的工作不再仅仅是"一元化"的政治性的工作，而是涉及许多方面——思想政治教育、制度建设、奖助金评定、职业发展支持、心理健康工作等，这些工作有的需要辅导员亲自开展、全权落实；有的在学校设有专业的职能部门来承担相应职责，但是需要辅导员来配合其工作的开展。辅导员的角色由一元化向多元化过度，政治性的统合向专业性的支持转变。

　　在我国建设世界一流大学的过程中，未来辅导员制度的何去何从逐渐受到越来越多的关注。当前高校的辅导员所需处理的事务千头万绪，相应的配套制度却没有跟上，致使辅导员们缺乏工作积极性。而作为高校辅导员，"专业化""复合型"也越来越成为当前工作中最急迫的一个要求。一方面是思想政治专业的素质需求，另一方面是各种事务性事项的能力需求。面对多元化专业性支持的逻辑转变，辅导员们应该在又"红"又"专"两个维度进行提升。做好学生的思想政治工作是一名辅导员的底线要求，这需要"红"；做好学生的日常管理、为学生提供各方面的指导和帮助则需要"专"。构建综合性、复合型的课程体系，培养专业的辅导员团队，让更多的专职人员走上辅导员的工作岗位，这将很大程度上有利于辅导员工作的开展及辅导员价值的发挥。

五、新时期我国高校辅导员制度的健全策略

（一）加强高校辅导员制度理论建设与研究

　　高校辅导员制度经过数十年的发展与变迁，积累了大量的实践经验，不少学者也先后从不同角度对其展开了研究，形成了一系列理论研究成果。但总体来讲，我国的辅导员制度缺乏相应的理论支持，也存在着建设发展滞后的问题，且"经验化"较为明显，严重阻碍着辅导员工作的开展和专业化、职业化队伍的建设。为丰富我国辅导员队伍建设的理论成果，高校应不断总结经验，将经

验转化为理论成果，给学生提供更加专业的指导与服务。我国可以探索实行由行政部门定期提出研究项目，设立研究资金，将辅导员工作作为一门事关学生全面发展的独立学科门类，成立关于辅导员工作调查研究的独立机构，配备专业的理论建设工作团队和实践教学团队，全面加强、细化关于学生工作的理论研究，构建具有一般规律性、共性的学生工作理论体系，加强学生工作的专业研究。根据事物发展受内因、外因影响的规律，从学生工作本身和政策支持上下功夫，既融入包括心理学、哲学、管理学等学科的大学生思想政治教育研究和德育理论研究，又出台相关政策给予支持引导，提供辅导员工作制度研究相关平台，做到事前引导、事中监督、事后检查评价，为我国辅导员制度的进一步完善提供保障。

（二）优化辅导员工作分工，转变辅导员工作角色

1.明确辅导员身份定位与岗位职责

当前高校辅导员基本存在扮演角色多、工作烦琐的现象。辅导员面临着巨大的工作压力，不仅要做到引导学生的思想政治立场，而且还要处理好学生事务管理、生活服务、职业生涯规划与指导等工作，由于辅导员事务性工作多，所以有时对学生存在的价值观、人生观扭曲的问题，无法给予及时的引导。可以说，这与《普通高等学校辅导员队伍建设》将思想政治引导作为辅导员工作的首要任务的定位是存在差距的，甚至是相悖的。

为了进一步提高辅导员的思想政治引导工作的质量，高校必须减小辅导员的工作压力，积极探索学生工作队伍的多元化模式，如图 5-2、5-3 所示，加强队伍配备，进一步明确、细化高校辅导员的分工与职责；严格落实在 1：200 的人员配备的基础上，配备一名辅导员和一名辅导员助理，做好辅导员与辅导员助理之间的工作分工，全面提高辅导员工作的专业化水平，建立辅导员以学生思想政治引导和事务管理为主，助理辅导员以学生生活服务和职业生涯指导与规划为主的工作机制。这不仅能够有效缓解高校辅导员的工作压力，而且还有助于提高辅导员的学生工作质量。

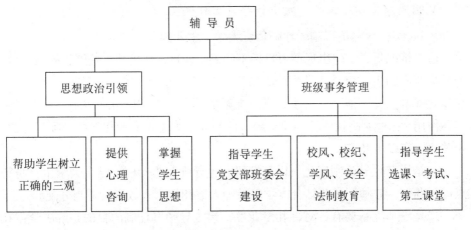

图 5-2 辅导员工作划分

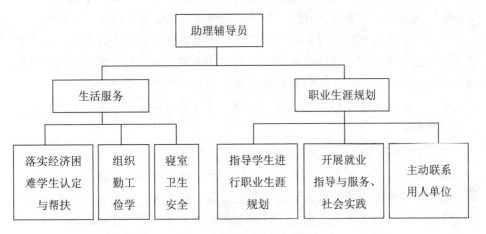

图 5-3 助理辅导员工作划分

2. 转变辅导员的工作理念及角色

辅导员专业化的要求需要辅导员树立服务理念。教育、管理、服务三结合是辅导员组织开展工作的基本原则。这需要辅导员扮演好三个角色：学生的朋友、学生的人生导师、规划者。辅导员还可以协助高校学生完成他们的目标规划。大学生已经具备一定的能力去实现自己的目标，然而在践行和实现目标的过程中，由于生活阅历和思想不够成熟等原因，可能无法使目标实现。这时辅导员可以用他们专业性的指导去协助学生，在学生创业的时候可以给他们一些灵感的启发、创业的帮助，在学生找工作的时候可以给他们一些面试准备经验和就业的指导等。

3. 明确分工学生工作，减少辅导员工作任务

（1）实行导师负责制，导师负责大学生学业问题

通常情况下，学生出现学习目标不明确、挂科，甚至被学校警告的情况后，辅导员能做的工作就是找学生谈心谈话、与家长沟通，或与任课老师交流。但在专业提升上并不能为其提供帮助，在解决学生学业问题方面也不能真正发挥实际作用。因此，高校应探寻建立统一的与高校大学生专业相符的导师责任制，相关建议有以下几点。

一是研究生导师制度化。以高校研究生导师制为参照，结合大学生自身特点进行调整，导师配备要结合本学院教师人数和学生人数进行适当分配。

二是导师配备要有针对性和专业性。建立导师责任制的目的是解决学生在学业方面存在的问题，进而提高其学习能力和增强其专业基础。因此，导师的安排要根据学生的专业进行分配，如此才能给予学生专业知识方面的帮助。

三是辅导员应加强与导师的紧密联系。导师责任制的建立可以使大学生在学习方面的困难得到专业性的解决，这就在很大程度上减轻了辅导员的工作负担，使其有更多的时间、精力去管理大学生的日常事务。而辅导员加强与导师的联系，随时关注学生在学习方面的情况，可以更好地在大学生的思想方面给予其教育指导。

（2）整合各类资源，加强各职能部门的分工合作

高校辅导员的主要工作是大学生的思想政治教育和学生的日常事务管理，关注大学生的身心健康成长，而辅导员任务重、杂事多、压力大。因此，为了能够使辅导员更投入、更高效地做好学生的相关工作，建立长效机制，细化服务学生的工作部门以及明确岗位工作职责就显得非常有必要。

一是科学整合学校资源，全面优化分工。中国高校具有学生基数大、辅导员力量薄弱且工作事务烦琐的特点，容易出现辅导员在面对学生繁杂工作时钝性和乏力的现象，为了能够使学生工作高效有质量地完成，高校需要科学地整合优化学校资源的配置，在复杂的事务上确立多个责任单位，简单的事务上将工作内容定位到具体的职能部门，避免学生工作事事关系辅导员的混乱状况的出现，如此才能将具体的学生工作定位到相应的机构部门，责任明确到具体的工作人员上，才能减少学生办事的程序，这样既能高效有质地办理学生事务，又能减轻辅导员的工作压力，使其全身心地投入到学生的德育工作中去，融入学生生活、学习中去，更好地开展育人工作。

二是建立责任追究制度，保障学生工作有序开展。有分工，就有责任。学

生工作高度细化的分工，意味着学校不同机构部门、同一部门不同岗位的人员承担着不同的责任。

三是建立以辅导员为核心、集聚大批学生的团队。鉴于高校辅导员工作多、任务重的特点，高校辅导员应在主动提高自身管理素质、育人素质的基础上，吸引一批想做学生工作的同学到其周围成立一个工作团队，并明确分工团队人员的职责范围及内容。这样，不仅能够使这些学生快速融入学生队伍中，而且还能够使其及时了解学生的生活、学习状况以及快速传递、转达一些工作信息，使其轻松愉悦地完成学生工作，促进大学生发展。

（三）完善高校辅导员选聘及配备制度

1. 完善辅导员选聘制度

为了提高辅导员队伍建设的质量，高校必须严格规范高校辅导员的选聘程序，旨在建立一支"政治强、业务精、纪律严、作风正"的辅导员工作队伍。要从源头上实现辅导员队伍的优化配置，应具体应做到以下几点。

第一，明确辅导员选聘的具体标准。目前我国并没有建立有效评判辅导员工作的独立标准，更没有建立相关的职业准入制度。因此，国家应设立辅导员资格证书认证机构，建立辅导员持证上岗制度。高校则应该积极响应国家实行辅导员持证上岗的政策要求，发扬民主决策的精神，制定严格规范的辅导员选聘机制和职业准入制度。首先，在选聘标准上应该以辅导员的首要工作——"学生思想政治引导"为聘用标准出发点，规定应聘的辅导员必须是中共党员，具有高度的政治意识，这可以为建立一支政治强的辅导员队伍奠定基础，也可以为引导大学生建立正确的人生观提供保障。其次，提高辅导员学历入口标准。随着高等教育的大众化，以前的辅导员学历的入口标准已不能完全适应高校对人才的需求，可以提高为硕士及以上，高校应从学历入口入手，提升辅导员队伍的整体质量。最后，为了实现辅导员队伍的职业化、专家化，在辅导员的选聘标准上，高校应该优先考虑录用与辅导员工作开展密切相关的专业人才，注重从教育学、管理学、心理学、社会学专业等方面的应聘人员之中选择，这对于高校的辅导员队伍建设和学生工作都具有重大意义。

第二，建立严格的选聘程序。在选聘程序方面，应建立简历筛选—笔试—面试—心理测验—体检等一系列严格的选聘程序，在保证选聘程序公正公开的基础上保证结果的公平公正。如四川师范大学在辅导员选聘这方面就做得比较好。

在辅导员的选聘上，学校严格按照《辅导员职业能力标准》的相关要求，采用笔试与面试相结合的形式进行辅导员的选聘，尤其是面试形式采用的是结构化面试，由校内专家和校外专家共同组成，心理测验也由权威的心理专家进行测验，这就从严格选聘程序上最大化地保证了选聘结果的公平、公正。

2. 优化辅导员人员配备制度

科学合理的人员配备是做好学生工作的前提，如前文所述，如果辅导员管理学生过多，且辅导员人员配备不足，那么不仅会使辅导员工作压力大、身心疲惫，不利于辅导员队伍的专业化发展，而且还会导致学生工作的效率低下，辅导员不能全面及时地掌握学生思想政治状况和身心发展状况，最终有悖于高校设置辅导员制度的初衷。因此，高校在辅导员人员配备的设置上应该更具有弹性，制度的设置不只是要考虑到人员比例，更要从学生工作具体开展的进程、效果中出发，考虑辅导员的人员数量增减，既做到物尽其用又不浪费人才资源，充分合理地让辅导员能够有精力做好学生思想政治的引导工作。如艺术体育类的学生辅导员和身兼学院学生工作和学校工作的辅导员，相对于其他普通辅导员而言，工作量更大，且工作难度也较大，鉴于以上两类情况基本上各高校都存在，具有一定的普遍性，所以其可尝试提高辅导员与学生的配备比，将辅导员与学生的配比调整到1∶150，减少辅导员的带班人数，增强配备制度的灵活性，这将更有利于辅导员工作的开展。此外，为保证各高校严格按照国家政策要求执行辅导员配备制度，保证政策的落实，我国应建立可管可控的监督机制和便捷迅速的反馈机制，以保障政策的有效实施。

（四）健全高校辅导员培养制度与发展制度

1. 健全辅导员培养制度

第一，设立辅导员专业。高等教育大众化会催生对辅导员的大量需求，这也是高等教育发展的一种必然趋势，因此，国家可尝试在部分师范院校中设立辅导员专业试点，热爱学生工作的学生可以选择辅导员专业进行学习，以政治上的高觉悟、业务上的精湛熟练、纪律上的严以律己为培育目标，使之通过几年的专业学习与能力培养，成为辅导员的储备人才。

第二，构建辅导员立体化培养体系（如图5-4所示）。辅导员的培养是一个循序渐进的过程，需要教育部门、高校、社会的共同参与。教育部门可建立更多的辅导员研修基地，制订更精细的辅导员培训培养方案，通过建立辅导员培训、辅导员研修网站、辅导员交流论坛等加强各高校辅导员之间的互动，促进高校间资源的共享与互通，从而帮助辅导员利用碎片化时间进行学习。

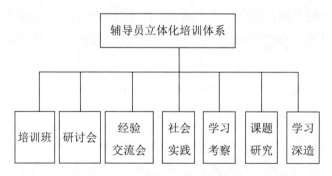

图 5-4　辅导员立体化培训体系

　　高校可搭建辅导员课程平台、进修平台、交流平台、科研平台，定期邀请社会知名人物及专家举办讲座、开展专题研讨会，定期举办经验交流会，帮助辅导员了解最新政策，吸收最直接、最实用的知识。鼓励辅导员积极申报与学生工作相关的课题研究，为辅导员提供学术支持，将学生工作经验转换为学术成果，做到工作与科研合理衔接。通过为辅导员提供定向委培攻读在职硕士研究生和博士研究生的机会，提升辅导员的学历层次和专业素质，通过高校与高校之间、高校与政府部门之间挂职锻炼的方式，鼓励辅导员通过多种渠道和方式提升自身的综合能力。

　　2. 完善辅导员发展制度

　　畅通的晋升渠道是辅导员队伍稳定的重要保障，在辅导员发展晋升方面，由于辅导员事务性工作较多，做科研的时间较少，所以在评定职称和职务晋升方面，将辅导员与任课老师的科研任务等同进行考核，显然有失偏颇。因此，高校可建立高效辅导专业技术职务和职称系列评聘制度双线晋升渠道，具体可分为两个方向。

　　一是按照行政职务开展。在行政职务上，设立不同职级的岗位，以行政序列作为发展方向的辅导员，晋升条件主要以工作取得的成效和工作经验为主，同时也要对与学生工作相关联的学术成果进行一定的考量。

　　二是按照专业技术职务开展。在专业技术职务上，实行技术职务聘用制。同时，高校应将辅导员待遇问题纳入学校决策的重要议事日程中，将辅导员津贴纳入学校内部的分配体系中。在辅导员的激励保障措施方面，很多省市的高校都做了尝试。如北京市、安徽省、陕西省等部分高校，相继建立了辅导员岗位补贴办法，中国人民大学就按照每 200 个学生设立一个辅导员岗位，每个岗位每月 500 元的标准，下拨辅导员岗位补贴。自 2005 年起，辽宁省就实行了给予辅导员每月不低于 200 元的工作补贴，通过工作补贴的方式缩小辅导员与教师之间收入的差距，这样一来，辅导员的发展空间和待遇就都有了保障，随着辅导员社会地位和经济地位的提高，辅导员队伍的稳定和职业化、专业化发展自然就有了保障。

（五）健全辅导员管理与考核制度

1. 规范辅导员管理制度

对于辅导员的管理，高校可尝试采用以下两种方式加以改善。

第一，将辅导员的管理权限直接下放到学院。就我国而言，与辅导员接触最多的直属领导就是学院层级分管学生工作的领导，一般都是分管学生工作的副院长或副书记，学院的领导对辅导员的日常学生管理工作成效是了解最清楚的。所以可将辅导员的管理权限直接下放到学院，主要由学院进行辅导员的管理、培养与考核。

第二，学校可尝试根据辅导员的工作职责，对下设部门进行高度分化。如设立思想政治教育部门、学生日常事务服务与管理部门、学生发展部门等，辅导员的管理就隶属于各职能部门，辅导员的工作也可以根据不同的职能部门进行专业化的分工，如思想政治教育部门的辅导员教师，主要负责学生的思想政治教育工作，通过定期策划相关的主题活动，如专题讲座、一对一谈话等对学生进行思想政治引领。学生日常事务管理部门的辅导员教师，主要负责学生学习和生活两大方面的内容，学习方面主要是关于学生选课、考试、第二课堂建设的，生活上则是关于学生安全及用水、用电、宿舍管理问题等。学生发展部门的辅导员教师的主要工作是根据学生的特点，帮助学生制订合理的职业规划，进行就业指导，安排学生出国留学等。这样一来，辅导员的工作就分工明确且细化程度高，工作更具有针对性，有助于辅导员队伍的职业化、专业化发展。

2. 灵活辅导员考核制度

考核是实施辅导员管理的重要途径和方法，辅导员工作考核内容的设置应全面、科学、完整且灵活，应包括辅导员自身的评定、学生对辅导员工作的评定、各辅导员之间的相互评定、学院对辅导员工作的评定、学校对辅导员工作的评定等五个方面的相关内容，具体考核方式如下。

第一，质和量相结合进行考核。就质而言，辅导员工作是一项育人工程，对辅导员的考核须讲究育人质量，讲究效果，具体可从班风、学生违纪率、学生获奖情况、学生学业情况等方面进行考核。就量而言，辅导员日常事务繁多，特别是新生辅导员和毕业班辅导员。新生班级辅导员要处理学生入学事宜，进行入学教育和学生情况摸底工作。毕业班辅导员需要随时关注就业信息，做好学生就业指导、毕业生档案及党员档案的转接工作，同时，还需要随时处理与学生有关的各种问题和日常事务，工作量大。

第二，过程与结果相结合进行考核。对辅导员的考评应该坚持考核结果与辅导员努力过程并重的原则。辅导员的主要工作是学生的思想政治引领及日常事务的管理，一方面学生的思想政治教育，不是一蹴而就的，需要一个长期引导的过程，考核部门可尝试以一学年或者以两学年为周期进行考核。另一方面，学生是独立的个人，有自己的思想和个人空间，辅导员不可能随时随地都在学生身边，如在学生安全工作方面，即使辅导员之前做了大量的教育工作，也难免会有意外事件或安全事故的出现，部分学校在进行考核时，凡是出现安全责任事故，则一律实行一票否决制，即辅导员之前做的所有工作都会受到影响。针对类似的情况，不应完全只看结果，努力的工过程也很重要，对辅导员的考核应从全局出发，采取分阶段进行考核的办法，如每学年分为四个阶段进行考核，最终考核结果依照四次考核平均数进行折算。

第三，多元化方式进行考核。考核的主体不能只是领导，为保证考核结果的公正性与真实性，学校应从各方面、全方位地接受来自各个主体的反馈信息。考核主体应包括专家、领导、学生等人，如此才能形成一支多元化的评价队伍。

当然，考核是提升辅导员工作有效性的方式之一，为了让考核结果发挥应有的作用，学校可尝试把辅导员考核结果与辅导员评优、薪酬、晋升等挂钩。同时，可在学校学生工作部（处）设立申诉机构，考核结果有异议的辅导员可进行申诉。为了辅导员能够有针对性地提升工作效果，学校可将考核结果反馈给辅导员，使其可以更好地了解自身存在的不足，通过不断总结、学习，不断改进，以更好地满足岗位需求。

第二节　高校辅导员的工作职责

一、明确高校辅导员的工作职责

根据《普通高等学校辅导员队伍建设规定》，辅导员的主要工作职责有八个方面的内容。按照辅导员职责内容的规定，职责的具体范畴应当包括四个方面的内容：一是思想引导，二是发展辅导，三是生活指导，四是组织管理。思想引导是核心职责。针对目前辅导员工作职责外延模糊、内涵不明的问题，如何把辅导员从繁重的工作任务中解脱出来，真正实现辅导员工作本位回归、以思想政治教育为中心开展好工作，应当是明确辅导员工作职责中应当探究的重要问题。

一方面，明确辅导员的工作职责不能单从辅导员工作职责的界定上下功夫。而明确辅导员职业身份，畅通辅导员职业发展渠道，能够从根本上保障辅导员工作职责的明确化。确认辅导员职业身份、明确辅导员工作职责、畅通发展渠道是实现辅导员职业化的同一价值所归。这是从质上对辅导员工作职责的界定予以保证。

另一方面，做好辅导员与班主任、班导师之间的工作分工。这既能减轻辅导员的工作量，也有助于大学生的成长成才。同时还要做好辅导员内部的分工。辅导员工作职责范围广泛，想要在各个领域都成为专家是很难实现的。术业有专攻，正如专业教师有专门的研究领域一样。辅导员也要进行专业化的分工，从而成为不同辅导方向的专家。这是从量上对辅导员工作职责的界定予以保证。

二、辅导员工作细则

（一）辅导员工作细则制定的依据

有关辅导员工作细则制定的问题，《普通高等学校辅导员队伍建设规定》指出，各高校应根据本规定，结合实际制定相关实施细则，并报相应教育行政部门备案。可见，各高校应是制定辅导员工作细则的主体。有关辅导员工作细则的制定，需要着重依据以下两个方面的内容。

第一，要结合大学生发展规律的特点制定辅导员工作细则。辅导员的工作是以大学生为中心展开的，大学生的身心特点、成长规律、发展需求等都是辅导员工作细则制定所必须依据的重要内容。同时，大学生的发展特点是与时代发展紧密相连的。如在网络高速发展的今天，大学生对网络的利用率非常之高，如何利用网络开展大学生思想政治教育成为辅导员工作细则制定中应当考虑的一个重要因素。

第二，要结合学校的发展特点制定辅导员工作细则。各个高校在制定辅导员工作细则时，既要有与其他学校有共性的内容，也要有其自身个性的内容。因为高校的发展水平、学生特点、外部环境都是不尽相同的，各高校的辅导员队伍现状也是有所区别的。高校对学生的要求不同，辅导员的工作内容也会有所区分。基于上述原因，具体的辅导员工作细则要由各个学校根据自身的具体情况而制定。

（二）辅导员工作细则制定的内容

按照辅导员工作职责的内容，结合辅导员工作的具体程序，辅导员工作细则应当包括以下几类内容。

第一，学生基本信息管理细则。只有在充分掌握学生基本信息的前提下，辅导员才能有效地开展工作。因此，辅导员在大学生入学之初就应当健全学生的个人档案，除了解大学生的基本信息外，还要建立学生的成长档案。详细记录每名学生的个性特点、专业发展、成长规划、心理状况等。每名学生的档案都能反映出学生的点滴成长与变化，这能为大学生思想政治工作的有效开展提供基本依据。

第二，学生谈心谈话工作细则。与学生谈心谈话是辅导员工作的最基本方式。谈心谈话既能够增进辅导员与大学生之间的情感交流，有助于思想政治工作的有效开展，又能够使辅导员及时发现大学生成长中所遇到的问题，使辅导员有的放矢地开展工作。一些学校在相应文件中明确规定了辅导员的谈心谈话次数。但仅有次数的规定是远远不够的。还需要更加细致地讲究达到的效果，从而保障谈心谈话工作的有效开展。

第三，随堂听课细则。辅导员进课堂，是对辅导员的工作要求之一。也是辅导员了解学生学习状况的直接有效的途径之一。规定辅导员进课堂的工作细则，能够对辅导员进课堂的时间、方式、职责等进行规定和要求，也方便辅导员与任课教师进行交流。

第四，进宿舍细则。辅导员进宿舍，也是对辅导员的工作要求之一。宿舍是学生的思想和行为表现得最为真实的场所，正因为如此，辅导员进宿舍才能真正增进辅导员与学生之间的感情。但辅导员究竟应当怎样进宿舍，有哪些工作职责，具体处理办法有何效力等在一些高校都没有具体的规定。因此高校需要进一步细化相关规定，辅导员才能更好地履行进宿舍的基本职能。

第五，班集体建设细则。班集体是大学生所处的集体性组织，开展好班集体建设，能够发挥好集体在大学生思想政治教育中的组织力量。在日常班集体建设中，辅导员经常采用的方式有班会、主题活动等。细化班会、主题活动等的实施要求和办法，将有助于班级建设的有效开展。

第六，其他相关细则。除以上工作细则外，与大学生成长成才相关的工作，如就业指导、心理辅导等，也都需要相应的细化规定，来指导辅导员工作的有效开展。辅导员工作实施细则是规范工作程序、提高辅导员工作水平的重要标尺。同时，辅导员工作细则的制订与完善需要经历实践的反复检验才能不断走向合理化与完善化。

第三节　高校辅导员的角色定位

一、高校辅导员角色定位概念及特征

高校辅导员在学生的大学四年里扮演着举足轻重的角色。帮助建立和谐友好的班级环境以及公平有序的竞争机制，掌握学生在不同时期的心理特点及心理变化，提前对其进行干预、疏导，帮助学生制订在校学习的规划，这些工作高校辅导员责任重大。

（一）高校辅导员角色定位的概念

高校辅导员角色指各大高校中的一线专职辅导员，其日常工作主要包括事务管理、思想政治教育、各类专业辅导等。换言之，一方面是高校辅导员在社会群体中的作用，另一方面又包含学校管理者、学生以及社会公众对其角色的期待。除此之外还包括自身"应然"认知行为角色，简而言之也就是在上述的期待、认知下形成的一套更规范、更完善的包含权利与义务的行为模式。

在多重的角色环境中，到底哪一个角色才是高校辅导员最重要和核心的？答案有很多。有人说，"辅导员工作是个大箩筐，什么东西都能往里面装"。所以，在实际的学生工作中，辅导员更多的时候像"消防员""勤务员""学生保姆"，从事着繁杂的事务性工作，这减少了其对学生成长、成才的有效性指导。同时因为事务性工作太多，其缺乏系统的学习、实践，导致对工作的思考、积累较少。

（二）高校辅导员角色定位的特征

高校辅导员的角色定位有如下的特征：①辅导员的范围和角色边界相对宽泛；②尚未形成准确的辅导员边际，如没有落实提升在职学历、节假日、工作时间以及其他福利性的保障等；③辅导员考核评价体系难以量化，难以确保公允。

二、高校辅导员管理中对角色定位的要求

高校辅导员是大学生思想政治教育工作和日常事务管理工作的指导者和具体实施者，也是学生基层工作的重要管理者和协调者，同时也是高校贯彻教育方针、坚定学校办学方向的重要力量。在辅导员队伍的管理中，首要的就是确定辅导员职位的性质和职责的内容，即确立辅导员在学校明确的地位、明晰的角色。这是选拔培养辅导员的基础，也是对辅导员进行考核、任用的依据。

（一）学生成长方向的引领者

在大学生思想政治教育工作中，高校辅导员具有重要的作用。其不仅要树立起正确的政治方向，而且还要夯实大学生的思想政治教育工作基础，努力提高大学生的道德水平，这些都是高校辅导员的基本职责。其应当坚持实事求是的原则，坚持以实际为基本出发点，尊重学生合理的思想追求，讲究方法策略，有针对性、有意义地开展思想教育工作。其不仅要组织好大学生思想政治教育工作，而且还要确保其能够有效实施，要充分发挥示范作用，扮演好高等院校思想政治教育规律的研究者等具体的角色。

（二）学生成才路上的服务者

辅导员在大学生成才的关键时期，亦师亦友，是学生的教师，更是其亲密无间的朋友。辅导员这样特殊的身份决定着其一言一行都会对广大学生产生较大的影响。在大学生的成长过程中，辅导员在工作中要注意运用管理艺术，充当好管理者和服务者的角色，将学生培养成有理想、有道德、有文化、有纪律的新时代青年。

（三）学生事务工作的管理者

学生日常事务的管理工作是辅导员最基础的职责之一。事务性工作关乎学生方方面面的利益，学生工作无小事，具体又繁杂，工作开展得是否得力，效果是否显著，学生是否认可结果和过程，对能否落实思想教育工作具有重要的影响。这就要求辅导员不仅要做好角色的定位，而且还要善于总结、不断思考，寻求改进措施，为科学地引导学生打下坚实的基础。总之，保证指导方法的正确性才能推进指导工作的开展，兼顾好显性教育与隐性教育的开展，才能为学生带来优质高效的服务。

三、高校辅导员角色定位分析

高校辅导员身为学校思想政治教育的主力军与学生管理队伍的领头人，既要具备教师管理学生的威严，又要具备和学生打成一片的随和；既要做好思想政治文化教育，又要关注学生的生活安全。其既是管理者，又是执行者。

另外，辅导员以外的其他群体对辅导员身份的认知，与辅导员自身的认知也不尽相同。对学校而言，辅导员是教师队伍的一部分；对学生而言，辅导员是学生各项事务的具体操作者；一些辅导员自身对自己的认识也不够清晰。而且，大多数高校的辅导员都是兼职，是毕业生留校任职的一个考察时期的工作，专职辅导员比例不高，他们也都很少有专业资格。

综上所述，我国高校辅导员队伍不仅要全面培养辅导员的专业素养，而且还要不断推进专业化、职业化的发展模式，队伍管理和建设力度需要进一步提高，其角色需要更加清晰准确的定位。

（一）学生对高校辅导员的角色期望

角色期望，是角色行为和社会结构中不可或缺的一部分，是建立两者紧密关系的关键因素，是个人或者群体所表现出来的对一种特定行为的期望。值得一提的是，这里的角色期望是一个复杂的综合体，其包含着认识、态度、情感等各个方面。角色期望主要受义务、权利、责任等因素的限制。与此同时，是否遵循了角色期望，很大程度上决定着一个人的角色行为是否符合其所特定的身份。

角色期望具有很多的特点。比如，不同角色的角色期望是不同的，有的严格明确，有的模糊不清，并没有明确的设定；不同角色在接触交流的过程中，相互的期望不同，带来的结果也是不同的；角色期望牵涉的个人程度不同，性别角色往往涉及全部生活，而参赛角色期望，对许多人只是偶尔涉及。

在现实社会中，角色期望就像一个双重标准一样，简单地说，人们依据角色期望来学习和了解一个行业应有的规范，也通过角色期望来监督和约束别人的行为。

1. 感情问题

进入大学后，学生从高中管理严格的环境进入大学相对宽松舒适的环境，谈恋爱较为普遍。大学生经常会因为感情问题而影响学业，甚至荒废学业，在恋爱的过程中与对方会有各种磕磕绊绊，不愿意向父母透露，他们可以在课余时间与辅导员教师交流，倾诉自己遇到的感情困惑。辅导员教师的适时参与能够有效地解决大学生的情感难题，从而更好地帮助学生走出困境。

2. 就业问题

这是大学生最关注的话题。大学是一个小社会，但终究不是真正的社会，大学生求职择业过程中的心态调整、工作中的人际交往都需要辅导员的指导。学生都希望自己的人生少走一点弯路，可以顺利地从学生转变为职场人。

3. 学业问题

这也是学生的头等大事。大学是大学生专业积累的时期，虽然看起来比高中轻松了不少，但是学业的压力只有学生自己知道。如何积极调整心态，消除考试挂科后的消极情绪，迎头赶上，对学生来说至关重要。辅导员在学生的学习中扮演着重要角色。

4. 生活问题

这个时代的孩子大多是独生子女，家长对其很宠爱。确实有不少学生，进入大学后，不会自己照顾自己。网上也经常报道类似的事件，一个孩子上大学，全家大大小小好几口人一起搬家陪读，孩子不会自己洗衣服，不会自己收拾屋子等现象屡见不鲜。辅导员要积极引导学生，培养其良好的生活习惯，使其早日学会生活上的自理。

（二）高校对高校辅导员的角色期望

学校对高校辅导员的角色期望与国家规定是一致的。但是在实际的教学工作中，高校对辅导员的工作有一些更加具体的期望，如辅导员的基本素质要求和能力要求。

1. 具备党的创新理论教育相关知识

辅导员是开展大学生思想政治教育的中坚力量，而高校要培养的也是社会主义的接班人和建设者。因此，辅导员应该具备党的创新理论教育相关知识，把握好教育的主要方向。辅导员应结合党中央下达的新的指令和要求，结合学校的时事政治课，采取灵活多变的方式来进行思想政治教育。

2. 具备就业教育知识以及自我职业规划能力

辅导员是大学生的指引者，要对学生以后的职业生涯规划和就业方向的选择等进行有针对性的指导，要给学生提供周全的、高效的、高品质的、全面的服务。辅导员要帮助学生树立正确的择业观和就业观，就必须让自身具备相应的健全的就业教育知识体系，只有这样才能更好地指引学生走好未来的路。高校相关部门要加大对辅导员工作的支持力度，要积极创造各种有利于充分发挥辅导员作用的渠道，与此同时，广大的辅导员要身体力行，全面把握好自己的发展方向、兴趣、条件，从而明确自身的人生规划，只有这样才能真正投入日常的工作中，更好地为学生的成长添油助力。

3. 具备危机事件、突发事件应对与管控的相关知识

辅导员应当具备应对危机事件的能力，能够第一时间赶赴现场，了解突发事件的真实情况，第一时间落实学生的相关情况，科学处理危机事件。管理好相关人员的情绪，充分发挥学生干部的作用，通过各种途径快速还原事件发生的原委；能初步判断事件的性质；能第一时间向上级领导汇报相关情况，掌握

基本的安全处理方法；能独立面向学生组织开展安全教育活动；能够对学生干部进行应急常识的分级培训和指导。

4. 具备网络思想政治教育能力

进入 21 世纪后，我国的网络法律日趋完善，网络不再是一个完全虚拟、绝对自由的环境。最新出台的一系列新的条例规定，在网络信息平台上散布虚假谣言者，转发量达到 500 就可以被判刑。辅导员应了解学生是否能够正确地应用各种信息技术，是否能全面了解网络语言以及各种新媒体技术。最重要的是，辅导员要教导学生在面对网络事件时，必须要有自己思考和及时判断网络舆情真伪的能力。要教导学生不可人云亦云，不能在不知道真实情况的前提下就随便发表评论，也不可故意唱反调以彰显自己的独特。应该独立仔细地思考，慎重地选择自己的立场。

5. 具备个人魅力

影响工作效果的另外一个重要因素便是辅导员的个人魅力。通过辅导员的教育，学生虽然在形式上被动地接受了教育，但是教育在其生活中并不能真正地发挥作用，只有强化辅导员的人格魅力，学生才能对其产生敬畏感和信任感，学生才能从被动接受转化为主动寻找辅导员的帮助。比如，学生主动找辅导员谈心，目的一般很明确，就是希望可以得到解决问题的方法，而如果本末倒置，换成辅导员主动找学生谈心，那么学生心中可能会自动地形成一层屏障，这不利于辅导员走进学生的心里，为其答疑解惑，进而可能会影响到教育的效果。因此，辅导员的个人魅力也在无形中影响着工作的开展。

（三）高校辅导员本人的角色期望

辅导员的任职时间不一，多则 5 年，少则 4 个月；辅导员的学历多为本科、硕士；辅导员所学的专业并不全是教育专业，各种专业都有涉及，但是与教育相关的专业较为集中，但研究发现思想政治教育专业的较少。通过对辅导员职业发展中的一些资料进行分析，发现辅导员在角色定位中存在着一些问题，也看到辅导员的角色期望基本是学生工作本身，主要包括对学生成长的指导、思想的引领和加强学校、学生的关系三个方面。

1. 学生大学生涯的领航员

辅导员在与学生的接触中，能够被学生的朝气感染，使自己保持一个年轻的心态。每每看到学生在活动中获奖、在学业上拿下奖学金、在生活中自食其力，其自豪感和满足感便会油然而生。辅导员是学生最亲近的人，很多时候学生会在第一时间向教师分享自己的收获与喜悦。

面对着自己所带的学生，从懵懂的高中生成为成熟的大学生，综合素质得到提高，找到一份满意的工作，教师能够感受到自己职业的神圣，感受到自己对于社会和他人的价值。感觉自己就是大海上的灯塔，默默地为学生们领航，为他们指明前进的方向。

2. 学生思想上的引路人

大学时期是青年学生价值观形成的重要时期。面对相对复杂的社会环境，他们涉世较浅，思想容易受到不良思潮的影响，尤其是在互联网快速发展的今天。辅导员可以通过主题班会、专题团课、基础党课、社会实践等形式，引导广大学生积极践行社会主义核心价值观，认清国情和世界的发展形势，了解社会，培养高尚的品质，培养独立思考、辨别是非的能力，使其能够主动地学习科学文化知识，掌握本领，立德修能，以积极的心态面对今后的人生。

3. 联系学校与学生的纽带

辅导员的工作几乎涵盖了学生的学习、生活、工作等各个方面。学生合理诉求的反馈、学校相关精神的传达，辅导员在这一过程中有着非常重要的作用。在学生成长成才的道路上，高校辅导员有时也挺难做工作的，但是经过多方努力，获得学生的满意、学校的肯定，形成学生和学校的良性互动，是他们工作中希望看到的最好结果。

四、高校辅导员角色定位存在的问题及原因分析

（一）辅导员角色定位存在的问题

1. 双重身份造成工作中的尴尬

高校辅导员具有教师与干部的双重身份，但通过调研发现，辅导员真正走上教学岗位的难度相当大，虽然少数辅导员负责如就业指导课、公共选修课等一些课程的教授，但其周工作量被限制，职称评定之路可谓壁垒重重。此外，从调研高校定岗定编等相关资料来看，辅导员的定岗定编绝大多数情况下是与专任教师一致的。与此同时，有很多高校都明确要求在政策上给予一线教师一定的倾斜，不能让其教师工作、行政工作双肩挑，换言之也就是说辅导员本身就具有双重身份，因此在待遇上也不能仅让其享受一种。如果出现双肩挑的情况，那对辅导员开展工作是非常不利的，非常容易导致辅导员以消极的态度对待工作，这加剧了辅导员队伍的流动性。这一点在我国教育部门以及其他各部

门所颁布的关于改革高校教师工资绩效等方案中，均有提到。这种没有考虑到工作的差异性，盲目地将辅导员管理归于高校教师的统一管理的做法，很容易制约辅导员在思想教育工作中重要性的充分发挥，甚至有可能使其双重身份陷入尴尬的局面之中。

2. 核心职责被削弱

近年来，在不断深入改革教育体制的发展中，高校育人环境发生着翻天覆地的变化。高校辅导员的角色职责也在随之变化，形成了辅导员工作的三大基本职责：教育、管理、服务。现行的国家有关辅导员管理和队伍建设的政策文件规定，辅导员工作的核心为思想政治教育，基础为管理工作，主体是服务工作。然而在辅导员实际的各项工作中，存在着思想政治教育比重趋轻、事务性工作偏重的现象。如家庭经济困难学生的情况调查、公寓调整、生源信息报送、大学生城镇医疗保险办理、英语四六级报名、就业数据上报与核查、国家助学贷款等各种烦琐杂乱的工作，占据了辅导员很多的精力。辅导员的精力多数被这些显性的事务性工作消耗，真正被用于思想政治教育、理论研究、工作方法改进等隐性工作的时间少之又少。日积月累，辅导员就成了繁杂事务工作中的多面手，但在思想政治教育方面就显得力不从心。

3. 角色相对模糊

目前，有一些人将高校辅导员等同于"服务员""保姆"。在大部分领导以及教职员工的心里形成了一种定势：凡是涉及学生的事情都是辅导员的工作。后勤服务、教学管理、安全保卫等学生工作以外的任何部门都可向辅导员发号施令。只有不足两成的辅导员表示对辅导员的工作范畴与岗位职责比较明确，半数以上者表示不太不明确或者很不明确。多数辅导员对辅导员的权利与义务的认识相对不清晰。上级教育部门的有关文件精神在高校的落实中，缺乏细化的具体条款，辅导员的岗位权益未能得到有效保护。很多辅导员常常感慨，"辅导员是块砖，哪里需要往哪搬"。

4. 在高校中的地位有待提高

据相关数据统计，有相当一部分辅导员不满意自己的职业，而自 16 号、24 号文件出台之后，这一情况在一定程度上得到了改善。但与辅导员群体的期望尚有差距。多数学生认为辅导员值得爱戴、尊重，因为他们的存在，有利于大学生的健康成长。同时相关部门规定了高校辅导员的首要任务是对大学生进行思想政治教育，十分明确地指出了高校辅导员具有和专业教师同等的德育教师身份，理应发挥同等重要的作用。在学校管理者及相关职能部门的心目中，其地位和专任教师相比，还是有一定差距的。一些学校的领导、专任教师对辅导员存在偏见。其甚至认为辅导员没有什么工作成果，也没有科研的能力，学历也不高，因此薪酬待遇低、职业地位低是正常的，甚至还有一些人看不起辅导员，总之在整个高校教职工群体中，辅导员并没有被充分客观地评价和认识。

（二）角色定位问题对辅导员队伍管理产生的影响

1. 辅导员职业发展路径不畅

辅导员在工作中时常有工作拖延症，容易出现冷漠、被动等待、不思进取、性格急躁等现象，不能很好地控制情绪，甚至想逃离辅导员岗位。最终，不少辅导员都调往职能部门或者其他辅助性岗位。与此同时，辅导员在行为方面还存在消极应付工作的情况，如逃避学生上门咨询、有意拒绝学生、减少与学生接触等。总而言之，就是不能针对学生的实际情况，科学地开展工作，从而确保工作的有效进行。

2. 不能充分保障思想政治工作实效

一般情况下，在高校中，辅导员一人身兼数职，基本工作主要包括思想政治教育、党团建设、社团管理、公寓管理、就业指导、建设学生干部队伍等。简而言之，就是为学生的思想政治教育工作保驾护航，为与学生沟通打造一个良好的环境。与此同时，这些工作都是相对琐碎的，平日里分散着辅导员大量的精力，甚至会影响其更好地开展核心工作。同时，其在日常工作中不能与时俱进地及时更新理论知识、提高教育水平与业务能力，这样一来就很难真正有效地从事创新管理，从而削弱了思想政治教育的效果。

3. 尚未建立健全的考核体系

就当前来看，我国尚未形成完善的关于考评辅导员绩效的评估体系，很多高校仍沿用普通教师的考核标准，而没有充分认识到辅导员工作的特殊性。相较于专任教师，辅导员的工作主要有以下几方面的特点。

首先，其固定工作量无法被科学考量，工作内容相对繁杂。

其次，其教育效果具有隐性的特点。绝大多数情况下要在一段相当长的时间内，通过考查学生在各方面的德育表现、奖励荣誉等才能对其做判断。

最后，不同学生本身存在一定的差异性，因而从某一方面来说，如果仅用一个标准来衡量辅导员的工作绩效，那么显然是非常不公平的，甚至会让他们担忧自己的前程，这样对辅导员个人的发展是非常不利的，而这样对整个学生工作的开展也会产生消极的影响。

（三）高校辅导员角色定位有偏差的原因分析

毋庸置疑，高校辅导员的角色定位会出现偏差是有原因的，而这主要可以分为主体原因和客体原因，前者是辅导员自身的原因，后者是外部的原因。

1. 主体原因

（1）辅导员对角色职责的认识存在偏差

在访谈中发现，多数辅导员普遍反映，他们很想投入时间与精力使自己的工作得到升迁，但经常被琐碎的事务性工作所羁绊。究其原因，主要是高校人力资源管理技术使用程度比较低，当前高校的运作体制还有待进一步完善。纵观我国高校，班级作为学生开展活动的最小单元，与学生有关的各个方面的事务性工作，就落到了专职辅导员和兼职班主任教师等基层学生工作者的身上。另外，兼职班主任教师往往多为专任教师，主要从事教学工作，同时这些工作岗位的职责也没有被明确地限定，学生为了方便，有事情就会直接找辅导员，这会使辅导员在工作中常常手足无措。与一线辅导员交流后发现，绝大多数辅导员很少接触到有关辅导员角色冲突调适，以及有关能够提高其个人技能等方面的书籍。除此之外，在实际的工作中，组织在乎的是辅导员服从上级的安排，接受并完成上级所交代的工作。但是一些辅导员却不能科学地定位自身角色，即表现为一些辅导员认为自己在学校工作中充当"保姆""后勤人员"的角色，认为自身与管理干部、专业教师等角色有着很大的不同，甚至认为自己所从事的不过是一些技术含量特别低的"杂活"，从而不能客观、准确地定位自身的地位、身份、职责。

教育部于 2014 年出台了《高等学校辅导员职业能力标准（暂行）》，其在标准中明确了辅导员的各方面内容，主要包括基本要求、职业概况化及职业能力等。面对新形势下的思想政治教育任务，文件要求辅导员要具备丰富的知识储备，对各个学科的基本知识、基本原理能够有所涉及，要具有丰富的思想政治教育工作专业能力，要具有较好的调查研究、引导教育、文字表达、组织管理等能力。但是就目前的发展来看，当前辅导员多是刚毕业的学生（本科生或硕士研究生），专业背景与从事辅导员岗位的要求尚有差距。甚至还有相当一部分人是完全没有工作经验、专业背景的。总之，当前辅导员工作尚存在各方面的问题，甚至可以说其已经偏离了思想教育工作的本质。

（2）辅导员的角色自信不足，角色素养有待提高

辅导员的态度是影响其能否充分发挥自身身份作用的关键因素。如果辅导员自身都不热爱自己的工作、对自己缺乏信心，认为自己不能够很好地融入工

作之中，只是消极地对待工作，那么又如何能够充分发挥角色的作用呢？相反，如果作为角色主体的辅导员能够在心里认识到辅导员工作的重要性，对自己的工作充满自豪感，乐于工作，那么其必然在日常的工作中会更加强调细节，同时也会自觉地不断提升自我、充实自我，从而更契合其群体角色。

辅导员的角色归属感处于相对较低的水平。在现实生活中，一些辅导员错误地低估自己，认为自己的工作是临时性的。他们希望自己在未来的工作中能够成为优秀的专任教师或者职能部门的工作人员，在这样想法的影响下，从事辅导员工作的人随着工作年限的增加人数在逐步减少。特别是坚持工作七八年以上的工作人员可以说少之又少。很多人在工作三四年后会选择更换自己的岗位，甚至有些辅导员表示希望可以转到专业课教师的队伍之中。这就导致了刚积累了经验的辅导员的流失，这样学校就不得不聘用新的人员来弥补辅导员职位的空缺。

因而，辅导员对待角色的态度在很大程度上影响着辅导员个人的发展定位。其态度不同，岗位作为也会迥然有异。目前，高校辅导员对角色的职业方向不够清晰，角色素养等也不容乐观，在这一尴尬的局面下，辅导员的工作就更加难以顺利地开展了。加之辅导员队伍专业化程度相对较低，其对自身的职业发展感到困惑。他们扮演着多重角色，始终奋斗在学生工作的一线，没有精力去引导和教育学生，也难以腾出时间来提升自己的专业素养。目前高校辅导员队伍流动性大，整个队伍以年轻人为主，且专业水平较低。因此，辅导员要进一步强化自身素质。

2. 客体原因

（1）宏观层面缺乏明确具体的定位

在对辅导员队伍建设发展的基本情况进行全面梳理之后，发现辅导员的角色定位主要包括以下几种：具有教师、干部的双重身份；既是高校教师队伍的重要组成部分，又是高校管理队伍中不可或缺的一部分；大学生成长中不可或缺的朋友等。从总体上说，这些解释都是从宏观的层面进行分析、定义的，但相对来说模糊、笼统，可以说正是这样的原因才使得辅导员在自己的岗位上不能充分发挥自身的作用，而且不利于其全面优化社会地位。除此之外，当前我国还存在仅以政府文件的方式简单解读辅导员的角色定位这样的情况，很少有文件能够对其做出一个相对全面、详尽的定位角色，这使得辅导员的工作技术含量、社会认同感、认可度等各方面都有待进一步提高。职业归属感的缺乏，影响着辅导员对角色功能和角色价值的判断。

（2）学校对辅导员的角色认识模糊

在高校中，辅导员这一身份并未得到真正客观的评价。有人认为思想政治教育工作理应处于附属地位，因为高校的主要任务是教学和科研，这也就不难理解为何辅导员的地位与任课教师难以等同了，这样的错误认识限制了思想政治教育对学生成长、成才的作用。一些学校不仅没有严格落实大学生思想政治教育的工作，而且对国家的相关要求完全不理会，这极大地削弱了辅导员在高校中的地位，使其不能充分地发挥自身的作用。有些高校在辅导员队伍建设方面重视不够、投入不足，反倒要求辅导员在工作中不允许出现任何问题，这使得辅导员扮演着管理者助手的角色。久而久之就会使一些辅导员形成只要"无过"就可以的心态，这严重地挫伤了辅导员在工作中的主观能动性，甚至还造成了一些优秀人才的流失。

（3）角色实现保障机制不完善

党中央对新形势下高校学生的思想政治教育工作十分重视，对高校辅导员的建设与发展提出了更高的要求，但是就当前各大高校的实际落实情况来看，显然还存在认识水平不够、考核制度滞后、保障机制实行力度不够等问题。具体而言，主要有以下几方面。

首先，高校过于宽松的选拔招聘环节。其主要体现在没有明确的选拔标准上。很多高校在招聘过程中仅强调参加招聘者要有一定的"学科专业背景"，而没有进一步具体、明确地规定标准，这使得所招聘来的辅导员背景复杂。这样一来就很容易影响辅导员在日常中顺利地开展工作。除此之外，高校对入职人员的基本要求不高。虽说在一些招聘会上，高校多会要求应聘辅导员者要具有职业指导师、心理咨询师等资格证书，但是在实际的选拔中其对这些因素的要求并不高，甚至很多只需要通过笔试、面试等综合考量，就可被录用。综上所述，高校辅导员宽松的准入门槛，对辅导员招聘考试或者辅导员日后工作的开展都是非常不利的。

其次，未充分发挥考核机制的作用。当前很多高校在辅导员的考核中都存在过于重视奖惩而忽视发展的重要性的情况。流于形式或者简化考核过程，过于强调结果而忽视对过程的把握，或者没有使用恰当的考核方法等，都体现了高校未充分发挥考核的真正作用。不健全的考核体系很难真正激发队伍的工作活力，不仅如此，反而还会带来一些负面影响。

再次，培养培训力度不够。纵观全国高校的专业设置，很少有高校专门设置辅导员专业，这终将会影响辅导员职业化、专业化的发展。虽然教育部三令五申地强调一定要落实对本校辅导员的辅导和培训工作，但是就当前的实际情况来看，形式化现象比较严重。除此之外，过于单一的培训方法、缺乏针对性的培训内容、陈旧的培训方案、缺乏专业的师资队伍等诸多方面的因素，使得整个培训过程充满了随意化的色彩。

最后，尚未建立完善的激励保障制度。就当前形势来看，我国很多高校都尚未建立健全完善的激励保障制度。与此同时，人的精力是有限的，辅导员被日常烦琐的事务缠身常常无法挤出更多的时间投入科研或者其他领域的工作中，因而在日常的工作中就会出现一种这样的局面，即辅导员已经付出了极大的努力了，但是由于没有获得所谓的科研成果、完成一定的教学工作量等，而无法获得晋升或者评定职称。在当前的高校人事管理制度下，职称对于一个教师一生的发展是极为重要的。这样就会使辅导员如同盯着玻璃的苍蝇一样看不到出路，就无法激发其工作的热情，从而使其更好地融入日常的工作中。

五、高校辅导员的角色定位路径

进入 21 世纪之后，社会发展的速度加快，辅导员的身份也在发生转变，他们既是教师，又是管理者；既要有威严，又要和学生成为朋友；既要切实做好社会主义事业接班人的培养工作，又要充分发挥学校与学生之间的桥梁作用。辅导员工作开展的好坏，直接关系到高校教育管理工作的好坏。因此，高校必须尽快明晰辅导员的岗位职责，明确辅导员的角色定位，加强辅导员队伍的建设力度，提升辅导员队伍的管理水平，如此才能更加有效地开展学生工作，保证学校各项工作的有序顺利进行，切实帮助学生成长成才。

（一）树立辅导员威信

辅导员的工作是伴随着学生进入学校开始的。学生进入学校后首先接触的便是辅导员。辅导员在初期快速地树立在学生中的威信，获得学生的信任与好感，这对后续工作的开展起着关键的作用。

1.掌握学生的第一手资料

学生入学之初，首先进行的便是军训。军训可以让学生快速融入班集体中，快速地建立人际关系。辅导员可以通过军训了解学生，并可以在学生入学初期掌握第一手资料。其可通过统计学生在初高中的学习状况、是否担任学生干部、兴趣爱好等信息，快速地了解学生。记住并能叫出学生的名字对辅导员来说是很重要的。辅导员如果能做到这样便能拉近其与学生间的距离，学生也会主动地打开心扉，把自己的快乐、苦恼、困惑等与辅导员分享。同时，掌握学生家长的联系方式、家庭情况，也有助于辅导员开展后续的工作。家长普遍有把学

生送到学校，让学校代替家庭对学生进行教育的想法。在校期间，学生的成长离不开社会、学校、家庭的共同教育。建立辅导员与家庭的联系网，便于辅导员开展学生工作，掌握学生的家庭情况也有助于辅导员在后续有的放矢地开展工作。

2. 评奖、评优透明化

在班集体中，和睦的学生关系是必需的，竞争关系也是不可缺少的。让学生在公正、公平的环境下竞争是学生成长的重要内容，而这样的竞争环境来自辅导员对评奖、评优的透明化，其能够让学生看到自己与他人的差距在哪里，明白自己的短板是什么，如此其才有努力的方向。但切不可在评奖评优中，暗箱操作、凭主观意愿，否则很容易产生不良后果。对于应用型院校来说，其应培养学生精益求精的匠人精神，这些来自学生对知识探索的兴趣。在进行每年的评奖、评优时，辅导员应对评奖、评优的条件进行公示，使学生可以找优势、查短板，有针对性地提高自己。

3. 通过活动增强学生的自信心、竞争力

高校的课堂、课外活动是丰富多彩的，技能比赛、专业知识的考核、课外的体育竞赛等，都为师生提供了交流的机会。参加专业课活动可提高学生对专业知识的掌握程度，锻炼学生团结合作的共赢精神。在当前时代下，合作才能共赢，个人单打独斗很难适应当前社会发展的需要，因此在班级中培养学生的团结合作精神就显得格外重要。辅导员要了解每名学生的性格特点，掌握学生的学习状态。辅导员要把课程技能比赛与学生将来所从事的职业联系起来，使学生树立健康的职业价值观，鼓励学生参加此类活动，开拓学生的眼界，巩固其平时所学的专业知识。而课外活动能使学生了解自我、认识自我，课外的体育活动、文艺活动等能培养学生的课余爱好，促使其身心的健康发展。此类活动大部分是以团队为主体的，可培养学生的团队协作精神。辅导员在其中起着主心骨的作用，应该带头参加活动，积极组织同学参加，这样学生就会有目标，从而增强自身的自信心和竞争力。

（二）放权、建立监督机制

先做人后做事比先做事后做人更重要。要想使班级有良好的班风，就需要辅导员组建一个得力的班级学生干部群体。人的能力是可以培养的，而做人做事的方法是长久以来形成的。辅导员在选拔干部时，要考察学生的德行是否合格。确立班干部后，要明确班干部的责任。作为班委，要从学校、班级的角度出发看待问题、处理问题，要从大处着想、注意细节。班级制度的建立要自上而下，辅导员、班干部、学生都要遵守，这样才能建立有公信力的班级。

（三）保持适当距离

辅导员与学生的关系是复杂和微妙的。辅导员在学校中扮演的是家长角色，对学生在校期间的生活、学习起着引导、监督的作用。该角色应当是威严的。辅导员还扮演着朋友的角色，这个时期的学生渴望表达自我、表现自我、追求自我认同感，辅导员要具备共情能力，及时了解学生的心理变化，如此学生对辅导员才会更加信任。作为辅导员，对待学生要一视同仁，不能厚此薄彼。师生的关系要既远又近，辅导员要保持作为教师的威严，使学生尊敬，既要和学生亲近又要保持距离感，关系太近会容易失去理智的判断。

（四）提升辅导员的职业能力

辅导员只有职业能力得到提升，才能更好地满足岗位需求，才能有十足的角色自信。为顺应当前育人新形势，辅导员职业能力的提升需要从道德素养、知识素养和能力素养三个方面入手。

辅导员要提升道德素养，自觉遵守道德规范。要积极以实际行动履行高校辅导员的职责，要拥护党的领导，献身教育事业，恪守职业规范，提升专业素养，情系学生成长，做好学生的良师益友。

辅导员要提升知识素养，主动完善知识结构。其不仅要全面学习马克思主义理论知识，而且还要系统地掌握具有中国特色的社会主义理论体系，掌握与业务相关的理论，关注时事政治、民生热点，将对大学生思想的引领贯穿于其校园生活的始末。在与学生的交往中，要善于运用自己扎实的知识功底，帮助学生分析、解决问题，真正做好学生的领路人。

辅导员要提升能力素养，增强角色驾驭能力。当前辅导员群体接受过思想政治教育的人非常少，同时，"00后"学生的诸多新特点和新问题给辅导员工作增加了难度。为了能更好地胜任角色，辅导员要及时地学习思考，提升自身的思想政治理论水平和相应的实践能力。同时辅导员还要提高科研能力，将科研成果运用到工作实践中。在具体的工作中，要不断涉猎各科知识，为开展学生工作奠定更坚实的基础。

（五）优化辅导员管理结构

国家要通过宏观层面的政策调整，对高校学生工作队伍进行分工结构的优化，进而给出分解具体角色任务的指导性意见。辅导员职责是否明确直接影响其任职条件、工作方式、角色认同等方面的内容，关系着全国高校辅导员队伍的建设和职业发展问题。虽然高校辅导员在实际工作生活中所享受的待遇、社会地位一般，但是社会各界却给予了他们很高的期望，而辅导员自身的能力又是非常有限的，他们所能承受的责任与社会要求他们所要承担的尚有一定差距。对于学生及学生的家长而言，他们是发挥思想政治教育作用的重要途径，但是不可否认的是，很多时候辅导员也被有意无意地当成"奶妈""保姆"，甚至被认为应该是全能的，并以此作为衡量一个辅导员是否称职的重要标准。显然这样的评判方法是不科学的，是不公平的。同时，过多的考核评判指标，如就业违约率、违纪率等也常常被看作衡量辅导员没有切实履行自身的职责、没有认真做好自身的本职工作的参考。在理想与现实中，辅导员难免会左右失衡，不知道何去何从。面对学校的高标准、严要求，辅导员承担着较大的工作压力，学生在行为和思想方面出现任何问题仿佛都是辅导员之过。面对这一现状，高校需要特别强化、动员宣传工作，让广大学生、家长、社会大众能够深刻体会辅导员工作的重要性，能够以更理性的态度对待高校辅导员的工作。如在面对学生思想、心理和行为等各方面出现的偏差时能够以理智的态度对待。

要强化建设高校辅导员队伍，科学调整高校辅导员的工作思路，统一其角色认知，从而缓解他们在日常工作中的尴尬局面。针对当前辅导员在日常工作中出现的多头管理、职责模糊等问题，高校可从以下几方面着手解决问题：第一，简化管理层级，完善基本管理构架；第二，实现集中管理；第三，全面提高辅导员的工作效率，明确各部门的职责。只有这样才能让他们真正"轻装上阵"，明确自身定位，更好地履行自我职责，从而更好地关注学生的思想动态，引导学生形成正确的价值观，培育其优良的道德品质，最大限度地发挥高校"全员育人"的作用。

（六）明确辅导员岗位职责

近年来，随着我国高校的扩招，学生人数急剧增加，学生工作几乎覆盖了校园的各个角落，这无形中加大了辅导员的工作压力，因此科学地界定高校辅导员的职责边际，使其认清自己的角色、岗位职责，就显得尤为重要。明确辅导员的工作职责需要高校和院系的共同努力，创造性做好以下几方面的工作。

一是高校和院系应以思想政治教育为核心，以学生的发展为主导，以学生事务管理为基础，制定详细的辅导员工作说明，阐述本职工作的内容和行为规范以及工作的时间等，进而使辅导员的工作有章可循。

二是高校应该成立专门的学生事务管理部门，以便于划清各职能部门和相关人员的责任界限，明确落实工作职责，减轻辅导员事务性工作的负担。例如，寝室卫生检查工作可以由专门的公寓卫生委员会执行，其成员可以由学生组成。而在类似工作中，辅导员则作为学生权益的保护者和教育引导者参与其中。这样有利于为辅导员减负，使其真正有时间和空间来扮演好思想政治教育引导者的角色。

三是高校和院系领导部门应该允许辅导员在其工作范围内，拥有相对自主独立的话语权和处理事务的权利。在不违反相关规章的前提下，尽可能地减少对辅导员创造性劳动和工作的干预，尊重辅导员对自己分内工作的统筹规划。

辅导员的责任重大且工作强度高：其一方面要在各院系中做好日常管理工作，接受有关职能部门和人事部门的考核和评价；另一方面学校的很多业务部门与学生都有交集，这样一来就会使各个部门对辅导员有不同的要求。除此之外，各个院系也会从自身的工作角度出发，让辅导员做一些除日常管理工作之外的行政事务，显然这就让辅导员处于一种被多重管理的情境之中，承担了过于繁重的任务，从而不能有效地完成工作，因此在日常的工作中也就很难形成归属感、自我价值的实现感。在这样尴尬的局面下，个人的发展诉求无法得到满足，就会使辅导员有另做其他打算的想法，会选择到其他领域发展。

高校改革也是一个不得不考虑的重要因素。由于当前很多高校都未建立完善的管理配套服务体系，所以学生的日常学习、生活会面临各方面的问题，而高校辅导员自然就成为解决这些问题的首要人选。通常情况下，其都是由辅导员负责与学校的相关部门沟通，这样一来，辅导员的日常工作就会趋于饱和，如果再加上这些工作，那么其又如何更好地履行思想政治教育的核心职责呢？尽管辅导员工作非常辛苦，但多余的繁重任务使其没有时间扎实地研究教育对象，这使得辅导员与其教育对象总处于一种心理上的游离状态，很难让学生真正敞开心扉地接受他们的工作。随着当今社会的飞速发展，高校内部的辅导员管理机制改革迫在眉睫。

（七）完善考核体系

一个不断完善的、符合思想教育发展规律和辅导员成长规律的专业化标准体系，是建立一支政治强、业务精、纪律严、作风正的高素质辅导员队伍的前提。完善高校辅导员的考核体系，明确奖惩制度，才能进一步促进高校辅导员队伍的建设。高校应加强对辅导员的考核评价与管理，健全切实可行的高校辅导员角色考核体系，加强辅导员角色的考察评审制度，力求辅导员考核结果能与辅导员待遇与发展正相关。高校辅导员评价还需坚持以下原则。

1. 量化评价与定性评价相统一的原则

高校辅导员作用的发挥总是与其角色扮演时投入的时间、精力等因素联系在一起，一般用"优、良、中、差"等不同档次来表示。定性考核指通过观察、判断，全面描述辅导员德、绩、勤、能等各方面的情况，特别要强化考核性质。

2. 内部标准与外部标准相一致的原则

角色评价的内部标准包含辅导员对其目标的制定和实现程度、对自我角色概念评价的重视程度、对角色规范的理解和遵从程度、对角色价值观念的认同程度等内容。角色评价的外部标准包括社群或他人对高校辅导员角色及价值的期待、社会对辅导员规范的衡量和联系程度、社会对辅导员行为的重视程度等内容。

在高校辅导员的评价考核中，这几方面的评价因素需要充分综合考虑，如此相关部门才能在实际工作中得出科学有效的考核结果。辅导员角色评价以定性评价为主。辅导员的工作是烦琐的、复杂的。学生的差异性、教育手段的灵活性、提升队伍管理水平的长期性、高校辅导员言行的规范性等特点，使得相关部门对辅导员的评价需要评价者到现场去观察甚至亲力亲为，要与相关人员进行深切交流，要查阅相关方面的材料等才能做好。所以评价方法应该使定性评价和量化评价相结合，要把定性评价放在更加突出的位置。

职称和待遇问题处理得好与坏是高校辅导员能否安心工作的重要因素。各级教育部门和高校应主动调研辅导员群体的利益诉求，完善修订组织评定职称的管理办法，确实将其纳入技术职称评定的范围之内。

目前，在高校的绩效工资机制下，诸多高校辅导员在其单位的绩效体制中明显处于弱势地位。因此，国家、高校应该为此设置专项经费，支持辅导员日常开展相应的工作，增加经费比重，落实单列专项经费。坚持以《关于加强高等学校辅导员班主任队伍建设的意见》为指导，结合相关规定、各级教育主管部门，高校要履行自身的职责，要科学地平衡辅导员与专任教师的收入。紧密结合实际贡献，科学分配劳动报酬，通过各方面的措施，给予辅导员工作必要的保障。

总之，高校辅导员是一个关系大学生成长和发展的重要角色。在新的历史时期，高校辅导员队伍管理越来越受到党中央、教育部及各级高校的高度重视。其从高校辅导员角色定位的角度入手，结合辅导员的工作实际，对新时期辅导员的角色定位现状进行调查，发现了角色定位问题对辅导员队伍管理的影响。社会的迅猛发展向人才的教育培养提出了更多、更高的要求，高校辅导员管理和队伍建设更应摆在重要的位置上。辅导员角色职责定位是否明晰直接影响着高校育人的质量，关于辅导员的管理、队伍建设、职业能力素养的提升等尚需更多的教育工作者前赴后继，努力追求和探索。

（八）促进辅导员全面发展

辅导员对自身职位的认识如责任、义务等会影响到其是否能够在工作中充分发挥自身角色的作用，对以上因素的认知水平直接制约着其在岗位中能做什么、应该做什么以及怎么去做。从客观上说，其只有强化自身的角色意识，才能走出职位的困境，才能及时纠正认知上的偏差，从而形成主动学习、提高工作能力的理念。同时，在日常的工作中，辅导员要按照《高等学校辅导员职业能力标准（暂行）》中的相关规定，严格要求自己，充分发挥榜样的作用。积极向优秀辅导员学习。通过不断的自我提升以及参加各种培训，让自己获得更多的理论知识，优化知识结构。

首先使自己具备过硬的政治觉悟、良好的职业修养和道德品质，强化自身的管理能力、协调能力，力求各方面都能够尽善尽美，从而促进自身的全面发展。

除此之外，辅导人员在日常的工作中还要真正地从知识、心理、行为、认知等各方面入手，做好心理的自我调适，全面提升自我适应能力、心理素质和健康水平。树立正确的世界观、人生观和价值观，积极调适自身的心理水平，形成与辅导员身份相适应的健全人格。时刻保持清醒的头脑，遵守相关的规定，言行一致，充分发挥榜样的作用，可以说这是对广大辅导员最基本的素质要求。总之，其只有全面促进自身发展，才能缓解角色焦虑，才能使自己在工作中充分发挥自身的潜能。

第六章 高校辅导员的思想政治教育功能

在新时期，高校在学生思想政治教育工作中面临的问题和挑战逐渐增多，辅导员作为高校教育教学管理体系中的重要成员，应该主动承担起学生的思想政治教育工作，充分发挥自身在高校思想政治教育工作中的教育功能。本章分为高校辅导员在大学生思想政治教育中的作用、高校辅导员思想政治教育功能面临的严峻考验、高校辅导员思想政治教育功能实现的策略探讨三部分内容。主要包括辅导员开展思想政治教育工作存在的问题，高校辅导员主体地位被削弱，辅导员通过微博、微信等方式实现教育功能等内容。

第一节 高校辅导员在大学生思想政治教育中的作用

一、辅导员开展思想政治教育工作存在的问题

高校辅导员在开展思想政治教育工作时常常存在问题，这使得大学生应该接受的思想政治上的教育并没有完全落实到位。

（一）辅导员自身专业水平不高、理论素养不强

很多高校在招收辅导员时并没有完全考虑其所学专业，如是否完全具备开展思想政治教育工作的能力、是否适合本专业学生等。这当然与当前高校专业培养无法满足现实需要的现状有关，但是某些专业不对口的高校辅导员专业水平不高确实影响了对学生的思想政治教育。

（二）辅导员自身分身乏术

对大学生来说，辅导员像一个"高中班主任"，除要承担学生的思想政治教育外，还要考虑每个学生的日常生活，如学生请假离校事宜、学生的专业素养与能力、学生实习与工作等诸多问题，这导致其精力不足，无法很好地完成

自己的本职工作，更无法很好地探讨思想政治教育工作的新动向与新方式。

（三）学校对辅导员重视程度不够

一些高校一味地追求学生的专业能力，追求高就业率，对学生的思想政治教育工作重视程度不够，这导致辅导员对自身的定位与理解存在偏差。因此，高校要想做好辅导员工作，就必须深入理解习近平对高校学生德智体美全面发展的要求，促使大学生保持坚定的政治方向。

二、辅导员在思想政治教育中的作用

高校辅导员是高校教师团体中特殊的存在。与讲授专业课的教师不同，其负责对学生的日常生活进行管理，对学生的个体价值观与思想观念进行引领，通过思想政治教育使学生形成正确的世界观、人生观和价值观。高校思想政治教育因为教育主体和客体、教育时段、教育方式等诸多因素存在特殊性而不能一概而论。而辅导员在思想政治教育中的作用也因诸多因素的影响而存在很大差别。

（一）先进文化的引领者和传播者

从职业的基本定位来看，高校辅导员首先是教师，是开展大学生思想政治教育工作的主干力量。韩愈在《师说》中说："师者，所以传道授业解惑也。"对高校辅导员来说，其所传之道，是学生如何更好地适应社会生活，如何保持正确的世界观、人生观、价值观。所授之业，不是单纯的专业知识，而是陪伴学生一生的解决社会生活问题的方法。所解答的疑惑，是学生面对的生活以及学习中的困难与迷惑。因此，辅导员作为教师，首先应着重发挥自身作为先进文化的引领者和传播者的作用，自己先将知识学懂弄通落实，增强自己的专业技能，提高自身的业务水平，如此才能更好地传授技能，以正能量影响身边的学生。

（二）政策的传达者与实施者

囿于现实情况，一些高校辅导员在学院或者学校担任"团支部书记"或者"党支部书记"等。身处这样的职位，使得高校辅导员对国家政策以及学校思想政治教育方面政策的接受及理解有着很强的便利性。因此，高校辅导员应及时敏锐地利用这一便利条件，高效准确地为学生解读相关政策，使学生能够准确地理解政策。同时，高校辅导员还应该将这些政策落到实处，积极组织与思想政治教育工作相关的活动，推动活动形式的多样化，提高学生参与的积极性。

高校辅导员也应具备与时俱进、掌握时政热点的能力，及时关注思想政治领域政策的更新。

（三）学生思想政治教育工作的关照者与指导者

与高校的专业课教师相比，辅导员往往与学生接触的时间更多，接触的层面也更广，这有利于辅导员及时掌握学生的思想动态。其在学生日常的学习和生活中，当发现学生在思想上出现问题时要及时纠正学生。同时还要注重开展思想政治教育工作的方式，可以从学生的具体生活入手，巧妙而高效地开展工作。

三、辅导员发挥思想政治教育作用的途径

（一）提高自我修养

辅导员应该通过学习来提高自我修养，坚持以教育引导为主的工作理念。辅导员在高校教育教学管理工作中具有举足轻重的作用，是联系各个系部、学院与大学生之间的一个纽带，也是对大学生进行思想政治教育的主要参与者和实施者。在新时期大学生的思想政治教育中，其应当充分发挥主观能动作用。辅导员只有提高了自我修养，才能为学生做好榜样，才能更好地完成各项工作任务，也才能准确地发现工作和学生生活中出现的问题并及时解决。

（二）发挥协同效应

第一，高校辅导员应该着重发挥自身连接专业课教师与学生之间关系的纽带作用，使学生在注重专业学习、提高专业素养的同时，也不忽视思想政治教育。辅导员要积极主动地加强与专业课教师之间的联系，避免因专业课教师言论不当而给学生思想观念的形成与发展带来的不利影响。应努力使专业课成为思想政治教育的有力推动力量，发挥合力作用与协同效应，努力把高校思想政治教育工作体现在教育教学的全过程中。

第二，高校辅导员应以课堂教学为主渠道，注重思想政治理论课的宣传，注重理论宣传的方式与效果，使思想政治教育更具针对性，更具可行性。在以课堂为主渠道的同时，还应注重多种教学方式的同时使用，如通过组织学生观看红色电影、国家发展纪录片等引导学生及时关注国家政策的新变化，以学生喜闻乐见的方式进行思想政治教育工作，并在无形中培养学生的民族自豪感与自信心，使课堂教学与课外活动紧密配合、紧密联系、同向而行，为思想政治教育工作的开展助力。

（三）创新教育模式

习近平在全国高校思想政治工作会议中指出，"要着眼于环境条件的变化，把握高校育人的关键环节"。思想政治教育工作从根本上讲是做人的工作，做思想的工作。而大学生所处的又是自身独立意识与独立思想形成与发展的阶段。因此，辅导员在开展工作时，要充分考虑学习者的心理状况、思维习惯等，避免过去传统的说教式、被动式的教育模式，要从被动地管理转向主动地服务，从传统的说教转向热切的关心，使学生体会到深刻的满足感与获得感，使学生深入感受到个人命运与整个国家的发展是分不开的，是紧密联系的，从而自觉地把个人的发展融入国家的发展中。

（四）提高教育教学能力

当今，新媒体技术不断发展，信息技术水平不断提高，信息化社会正在逐步形成，担负着思想政治教育工作的高校辅导员，不仅要与时俱进地提高自己的业务能力与水平，而且还要与时俱进地提高自己对新事物的学习能力。要不断地努力学习，提高自己运用新媒体技术的能力，借助新媒体技术，通过更有趣的方式向学生传达政策、传递思想，引发学生的兴趣，从而使学生欣然接受思想政治教育。高校辅导员还应努力提高自己具体问题具体分析的能力，对学生生活中遇到的事情及时分析、及时解决，对学生适时引导，使学生能进一步感知思想政治教育的魅力。

高校作为培养高等人才的重要机构，理应主动高效地承担起这一重任。高校辅导员作为高校开展思想政治教育工作的主力军，更应该从多方面入手，推动学生德育与智育同时发展，推动思想政治教育工作的全面开展，以课堂为主阵地，以创新为主要动力，以实事求是和与时俱进为基本要求，以培养全面发展的人才为主要目标，以"立德树人"为主要任务，顺应学生学习规律、人才培养规律、学生心理规律，坚持正确的思想政治工作规律，坚持教书育人的规律，积极引导学生正确认识世界和国家发展大势，及时准确地把握政策发展动向，认真学习贯彻各项方针。辅导员要学会运用多媒体技术，使教育教学工作"活"起来，抓住学生的注意力，同时还要坚持教书与育人相统一的原则，坚持言传与身教相统一，从而为思想政治教育工作在高校的开展贡献力量。

117

第二节 高校辅导员思想政治教育功能面临的严峻考验

一、主体地位被削弱

（一）高校不够重视

辅导员是天然的思想政治教育者，其这一功能应得到学校、社会的高度重视。在高校内部，人们都认为辅导员是大学生的高级保姆，认为他们该做的就是全方位地满足学生的生活需求，保障好学生的人身安全。从各个高校的考评体系分析中可以看到，辅导员的工作是非常繁重的。一些高校领导对辅导员思想政治工作的开展并不重视。

（二）辅导员事务性工作过多

高校辅导员的事务性工作影响和削弱了思想政治教育工作的主体地位。在一些情况下，高校辅导员的工作职责不清，事务性工作过度膨胀。人们常常认为，只要与学生有关的事情，都是辅导员的事情。在这种情况下，辅导员很少或几乎没有时间、精力去从事他们工作范畴中的事情。

二、辅导员工作的不足

辅导员作为大学生成长的引路人，担负着引导大学生形成健全人格的责任，特别是在学生心理辅导和道德教育领域。但在实践中，其也存在一些不足之处。

（一）重视政治教育而忽视心理疏导

辅导员在现实生活中与学生接触最多，所从事的工作任务也比较繁重。其大部分的时间都用来管理班级，如党团组织建设、奖学金评定工作等，更重要的是还要及时传达国家的大政方针和国内外的热点问题，使学生形成正确的政治觉悟和坚定的理想信念，帮助学生选择积极的人生道路。这些导致辅导员无暇顾及学生的日常行为和心理状况，如果学生的一些消极想法没有得到及时纠正，那么就会影响学生的心理状况，进而引发其种种问题，这不利于学生的成长成才。

随着社会的发展，时代变迁对大学生人格的形成产生了重要的影响，但也使其面临着日益严峻的挑战。而大学是学生人格形成的关键时期，这一时期学生的身心发展不平衡，极易受到其他文化观念的影响，这使得大学生容易出现思想矛盾和心理冲突交织在一起的情况。因此，单纯的政治教育已无法真正解决学生的现实问题。辅导员在教育工作中，必须将思想教育和心理疏导结合起来，时刻关注大学生的心理问题。

（二）重视理性言说而忽视故事治愈

辅导员在思想政治教育工作中，总要运用一定的方法，才能收到良好的教育效果。通常情况下，当学生遇到一些问题时，辅导员一般会采取说理的方法，但随着社会的发展，大学生的思想观念会受到外界各种价值观的影响，他们对于讲道理这种说教方法常常会产生逆反心理，不认可辅导员的思想观点，这就使辅导员难以解决学生的真实问题，调动大学生的积极性，更不利于大学生主观能动性的发挥。

辅导员在工作中存在着过分偏重理性说教的方法、忽视运用故事的力量来解决学生面临的问题的情况。随着时代的发展，这种说理的方法越来越不能满足大学生的心理需求，更起不到应有的作用。因此，叙事疗法的引入，使得辅导员能够充分运用故事的启发作用和影响力，帮助大学生从现实困惑中走出来，从而弥补了辅导员在工作中的不足，拓宽了辅导员教育的渠道和方式，为其有效地开展工作打开了一扇新的窗户。

（三）重视传统方法而忽略创新工作

受社会多元文化的影响，大学生的思想日益复杂，这使得辅导员原有的教育方法已经不能很好地解决学生面临的问题，从而给其工作带来了挑战。因此，要提高工作的效率和教育的实效性，辅导员必须在原有工作技能的基础上不断学习新的方法。

辅导员在工作中所用到的传统的方法已经很难发挥应有的作用，榜样示范法中的典型人物和先进事迹很难引起学生的自我认同，面对不同文化的冲击，学生认同的人物已不再是主流社会意识形态所宣传的模范人物，榜样的力量已经日渐衰微，难以发挥应有的示范和引导作用。为帮助学生形成正确的价值理念，辅导员通常会采用主题教育的方法，围绕国家的大政方针开展教育工作，但是随着网络时代的全面发展，这些教育活动已经难以激发学生的个人品格，也不能满足学生多样化的思想需求。针对这样的现状，辅导员应该思考如何创新策略和方式来提高工作效率，叙事疗法的引入能够契合学生的思想特点，为辅导员工作开辟新的道路，也为思想政治教育注入新鲜的血液。

第三节　高校辅导员思想政治教育功能实现的策略探讨

一、辅导员的微博

辅导员的微博是自媒体时代开展大学生思想政治教育工作的重要渠道，具有发布和传递思想政治教育信息、促进教育主客体间的交往和互动等重要功能。

微博的迅速发展开启和塑造了自媒体时代的传播模式，这种多终端、碎片化、具有便捷性的信息传播交互模式给当前大学生的思想政治教育工作带来了新的机遇和挑战。辅导员作为大学生思想政治教育工作的骨干力量，如何正确有效地发挥微博的传递思想信息、促进主客体交往互动和监控网络舆情等功能，是自媒体时代思想政治教育工作亟须思考和解决的问题。

（一）辅导员微博的内涵

辅导员微博是教育主体为即时发布和快速传播各种生动、鲜活的思想政治教育信息，促进双方之间跨时空地双向互动交流，促进思想信息内容向大学生传播而专门注册申请的新浪、腾讯等微博平台，是自媒体时代微博与大学生网络思想政治教育融合发展的产物。

1. 辅导员微博兼具网络工具和思想政治教育载体、方法的性质

第一，辅导员微博是一种简便、快捷和时尚的网络交流工具。它是一个具有信息即时性、共享性以及基于即时、共享信息形成的动态信息传播网络，辅导员可以"随时、随地、随性"地发布和获取信息，也可以关注名人，与网络朋友互动交流。

第二，辅导员微博还是一种思想政治教育载体。因为它既能承载、传递思想政治教育因素，又能被思想政治教育主体使用，且主客体可借此相互影响，所以它是大学生思想政治教育过程中的一种现代网络载体。

第三，辅导员微博还是一种网络思想政治教育方法。辅导员可以通过它来了解和认识大学生的思想行为特点，并引导他们形成符合社会要求的思想观念、政治观点和道德规范。

2. "辅导员—大学生"的"核心—边缘"节点信息传播模式

在微博信息传播网络中，所有信息都可以实现以用户为中心聚合其他节点（个体终端），形成以"核心—边缘"为形式的基本信息传播模式。在这种模式中，微博主（即核心节点，信息生成的源头，往往是一些各领域比较知名的

人物）发布的信息通过粉丝（即桥节点，核心节点信息的扩散者，对微博主忠诚并愿意为其传播信息的人）的转发、评论和互动，最终扩散到其他人群（即长尾节点，沉默的大多数，较少发言或发言影响力较弱者）中。而在辅导员微博的信息传播过程中，其"核心边缘"的节点信息传播模式则主要是"辅导员—大学生"两个特有群体之间的信息传播。其核心节点是辅导员，桥节点是愿意直接关注辅导员微博的班委干部、学生组织和部分学生，长尾节点是不主动发表言论、不直接关注微博主而在背后默默无闻地观看微博主及其他用户信息的部分学生。相对普通微博而言，辅导员微博在信息源、信息内容和信息流动上具有一定的限制性和指向性。

（二）辅导员微博的思想政治教育功能

辅导员微博具有思想政治教育信息发布与传递功能、教育主客体交往与互动功能、大学生网络舆情监控与引导功能。

1. 思想政治教育信息发布与传递功能

将思想政治教育信息及时、快捷、有效地传递给大学生，是辅导员开展大学生思想政治教育工作的必要前提。辅导员利用微博开展大学生思想政治教育，首要目的就是实现思想政治教育信息的发布和传递。微博作为自媒体时代信息传播方式革新的重要代表，其信息的发布和传递呈现出多终端性和裂变式的显著特征。微博用户可以通过手机、平板电脑等移动终端随时随地登录客户端，通过关注官方微博、名人微博或朋友微博获取各种新闻资讯，也能用简短的语言文字或图片视频发表自己的所见所闻、所思所感。同时还可以和粉丝进行互动交流，这种信息的流向集合了一对一、一对多和多对多等不同方式，使得信息以裂变式快速传播。辅导员可以借助微博信息发布和传递的便捷与快捷，随时随地登录微博客户端发布丰富多样的思想政治教育信息，如用微博语言解读社会主义核心价值观，用图片、视频、文字等图文并茂的形式传递大学生关注的学习、情感、生活、就业等资讯。

2. 教育主客体交往与互动功能

辅导员发布和传递信息是开展大学生思想政治教育工作的首要环节，而如何将这些包含思想政治教育内容和目的的信息传递给大学生则是关键环节。微博作为一种交互性非常强的自媒体工具，功能之一就是促进辅导员与大学生之间充分的交往和互动，让教育主客体双方可以进行思想的碰撞、情感的沟通和观点的交流，从而帮助大学生对各种思想教育信息进行甄别、理解、认同。

一方面，辅导员要成为大学生的人生导师和健康成长的知心朋友，这离不开其与大学生群体的深入交往，而在自媒体时代，辅导员微博就不可避免地成为辅导员与大学生进行交往的一种重要工具，双方可以通过微博信息和粉丝关系等方式加深了解与认识，构建亦师亦友的和谐师生关系；另一方面，辅导员微博是具有特定指向性的思想政治教育信息传递工具，辅导员可以利用其交互性强的信息传播优势，在微博上通过评论或转发的方式，与大学生就某一信息或话题进行深度互动、沟通和交流，在讨论中达成共识，从而达到思想政治教育的目的。

3. 大学生网络舆情监控与引导功能

微博作为一种开放性和交互性非常强的信息传播工具，信息数量规模巨大，信息内容参差不齐，大学生在微博上发布的各种信息，包含着他们在学习生活、人际交往、就业考研等各方面的境况和感受，而这些丰富、繁杂的信息中就常常隐含着思想潜流。因此，辅导员微博还有一项重大功能，那就是监控和引导大学生网络舆情。网络舆情是大学生思想信息的集散地和放大器，是辅导员认识大学生思想情感实际的"晴雨表"和"风向标"。辅导员可以利用微博"即时关注"大学生的各种思想信息，并通过对这些信息的深入分析和判断，从中挖掘和捕捉大学生的思想情感动态，从而及时发现、处理和引导大学生的网络舆情。

（三）辅导员微博思想政治教育功能的实现路径

该部分内容从信息发布源头、信息内容呈现、信息交流互动和信息反馈实际四个方面探讨如何有效实现辅导员微博的思想政治教育功能。

1. 实名昵称 + 身份认证——确保信息可信度

微博信息发布的低技术门槛、文本信息的碎片化等特点，容易导致信息泛滥成灾，各种虚假、垃圾信息的传播扩散会弱化辅导员微博的大学生思想政治教育功能。如何从微博信息发布源头杜绝各种虚假、垃圾信息的生成，保证源头信息的真实性，是发挥辅导员微博思想政治教育功能的首要前提。

一方面，辅导员微博必须采取实名昵称的登录方式。目前，微博用户在注册时必须使用真实身份信息，但用户昵称可自愿选择，新浪、腾讯、网易等各大网站微博采取的都是前台、后台实名的方式。辅导员如果以匿名昵称的方式登录微博，那么就会导致信息发布随意，使得信息内容缺乏真实性和针对性，同时也不便于大学生粉丝的查找和关注。

另一方面，辅导员微博应有身份认证这一环节。身份认证是微博运营方针对特定行业拥有真实社会身份并能提供证明材料的人群进行的认证。以新浪微博为例，其要求微博用户绑定手机，有头像，粉丝数不低于30、关注数不低于30的才可申请认证。被认证的微博用户易于被辨识，粉丝在第一时间能识别他的身份，及时关注他的最新动态，并且搜索相关结果。辅导员微博实行"实名昵称＋身份认证"的模式，能够保证辅导员的身份和信息内容真实可靠，从而避免各种不良信息的生成和传播。

2. 主题鲜明＋内容鲜活——契合青年需求点

人们接触媒体是为满足一些基本需求的，包括信息需求、娱乐需求、社会关系需求及精神和心理需求等。大学生群体也不例外，他们接触和使用微博也是为了满足自己的各种需求。调查显示，大学生在使用网络媒体时，主要考虑休闲娱乐的需要，这是由当代大学生的思想心理特点和微博内容"去中心化"的特点决定的。如何解决微博信息多样性与主导性失衡的矛盾，优化微博信息传播内容，使其既能满足大学生的思想政治教育需求，又能满足大学生的娱乐交往需求，就成为辅导员微博发挥思想政治教育作用的关键。

辅导员要学会运用生动活泼、时尚新颖的网络文体和情感丰富、幽默风趣的语言文字将枯燥乏味的各种理论知识转化为符合青年大学生群体特有的思维方式和语言习惯的网络信息，从而提升学生对辅导员微博的接受度和理解力。

辅导员要注重辅导员微博信息内容的丰富性，既要发布和传递各种思想政治教育信息，帮助学生树立正确的思想观念、理想信念和道德规范，增强辅导员微博内容特有的指间性和主导性，同时也要发布和传递各种生活娱乐信息，满足和解决学生的情感需要和娱乐需求，增强辅导员微博内容的吸引力和感染力。

3. 日常经营＋互动交流——提升微博影响力

微博功能的发挥程度取决于微博影响力的大小，而微博影响力的大小又取决于信息资源的凝聚力和整合力。喻国明教授认为谁能够最大限度地对用户贡献信息的流向进行引导，对碎片化信息内容的呈现结构进行优化，对信息资源进行深度发掘、整合和利用，谁就最有可能获取说服和影响他人的能力。可见，要有效地发挥辅导员微博的功能，就必须提升辅导员微博的影响力。对微博用户而言，最有价值和最有意义的内容除了产生于微博主发布的信息外，其余的更多地产生于与其密切相关的人群，即微博主和粉丝基于对话题的共同关注，这要求信息要在辅导员和学生微博中被传播和分享。

一是要日常经营，吸引粉丝。辅导员微博要即时发布、及时更新信息，让更多的学生群体关注辅导员微博。

二是要把握动态，形成互动。要全面、及时地把握学生对微博信息的转发、评论或回复情况，并进行相应的互动和交流，让信息能通过微博的节点传播模式进行传递和扩散。

三是要寻找热点，推进互动。辅导员应根据目标需求，寻找时事热点问题，通过"议程设置"建构或设置符合青年大学生群体特点的主题，充分发挥"意见领袖"的作用，推进与大学生之间的互动交流，增强信息的传播效果，提升辅导员微博的影响力。

4."网上"教育＋"网下"实践——凸显育人实效性

网络中人与人的虚拟关系说到底是现实中人与人之间关系在网络中的反映和拓展。同样，网络思想政治教育也是现实思想政治教育在网络中的一种反映、补充和完善，它们是辩证统一的，既相互区别，又相互联系。辅导员微博作为大学生网络思想政治教育的一种新途径，有着现实思想政治教育方法不可比拟的优势。然而，如果仅仅依靠辅导员微博在网上与大学生进行思想情感的沟通和交流，而不立足现实解决大学生存在的思想行为问题，那么辅导员微博就会成为无源之水、无根之术。那么，如何才能实现"网上"和"网下"的有机互补、相得益彰呢？

一方面，要充分利用辅导员微博在"网上"发布思想政治教育信息的作用，加强与大学生之间的互动交流，全面掌握大学生的群体思想动态和个体行为特点，并采取多样的网络信息交流方式，对其进行引导，争取将不良思想显流和潜流消于无形。

另一方面，对"网上"不能解决的思想行为问题，辅导员要在"网下"采取现实思想政治教育的方法，如理论灌输、实践教育、个别谈心等，积极解决大学生面临的实际问题，将大学生的思想引上健康发展的轨道，从而增强大学生思想政治教育的实效性。

二、辅导员"微信公众号"

随着社会经济的快速发展与互联网的不断推广与使用，"微信公众号"在大学生的学习和生活中扮演着重要的角色，"微信公众号"相比于传统的信息传播方式更具有优势。

在大学教育的体系中，对学生进行思想政治教育是大学教育的核心与基础，并且此教学过程贯穿于大学教育的始终。辅导员在大学生的教育过程中担任了关注学生健康成长、了解学生基本生活、推动学生积极学习的重要任务，对学生的思想政治教育更是起到了引领和推动的作用。随着互联网的逐渐推广和运用，越来越多的网络平台，如"微信公众号"等，逐渐成了时代潮流，受到大学生的广泛关注。辅导员应当充分结合"微信公众号"的特点对学生进行更深刻的思想政治教育，从而推动高校思想政治教育水平的提高。

（一）高校辅导员"微信公众号"的思想政治教育功能

1. 推动学生接受深刻的思想政治教育

"微信公众号"是新时代思想和信息传播的主要载体和主要路径，为学生提供了一个展示自我、获取信息的平台。大学生正处于树立正确的世界观、人生观、价值观的重要时期，在这段时期，大学生需要一个便捷的方式来展示自己的想法和个性特点。"微信公众号"平台正好满足了大学生的这一需求，使大学生能够在平台上进行便捷的社会交往和研究探索，不断强化自我意识，提高接受思想政治教育的积极性和主动性，提高参与度。

辅导员在对学生进行思想政治教育时，可以运用"微信公众号"作为教育信息的传播载体，充分运用文本、音频、视频等方式将相关的教育资料通过"微信公众号"向学生传播和推广，从而帮助学生更加及时和全面地接受思想政治教育。"微信公众号"的思想教育方式能够帮助学生充分利用空闲时间进行自由阅读，能使其通过多种方式和途径接受思想政治教育，从多个方面拓展阅读空间，不断丰富和充实知识储备，提高掌握相关知识的效率，为接受更加深入的思想政治教育创造优质的条件。

2. 帮助辅导员进行优质的思想政治教育

高校辅导员的工作任务较多，工作量较大，学校的相关工作政策和思想政治教育也需要辅导员通过及时的告知和相关会议完成。这些工作方式会在一定程度上消耗辅导员大量的时间和精力，不利于辅导员进行更加高效、快速的思想政治教育。但是，"微信公众号"在信息的传播上，能够突破时空的限制，能够帮助辅导员更好地开展思想政治教育工作，使其更加高效地进行信息和工作任务的处理，了解学生的需求，从而帮助其进行优质的思想政治教育工作。

"微信公众号"能够帮助辅导员与学生进行更加便捷的沟通，并且能够帮助辅导员对学生的留言进行回复和反馈，从而更加全面地了解工作任务的相关进度。辅导员通过"微信公众号"对学生的一些学习和生活情况进行了解，并针对学生的问题进行工作方法和方向的调整和改进，并适当适时地将一些学习资料和生活指导分享给学生，从而更好地实现对学生进行优质的思想政治教育工作的目标。

（二）高校辅导员"微信公众号"的思想政治教育实现

1. 组织建设专业团队

高校辅导员运用"微信公众号"来建设更加优化的教育体系，不应当仅局限于对学生进行信息传播，除了发布推广信息外，还应当充分为学生提供更加全面和优质的服务，了解和帮助学生解决学习和生活中的问题，运用学生喜闻乐见的方式对学生进行思想政治教育。这就需要高校辅导员能够组织建立起专业的关于"微信公众号"的设计和管理团队，在新媒体建设中进行统一系统的规划和调节，对"微信公众号"中的相关功能区域、版块建设、内容筛选编辑、反馈收集整理等方面进行更加全面的建设和完善，为辅导员通过"微信公众号"对学生进行思想政治教育组建良好的团队、提供有利的技术条件。

对于"微信公众号"的版块建设内容，相关专业团队可以根据现有的微信平台技术，以学校和辅导员的相关工作内容为核心，为学生建立起更加全面的、具有整合性的事务信息汇总模块，除此之外，还可以适当增添一些周边高校的相关讲座、学校活动信息、学工工作内容以及专门的学生问题解决模块。对于内容筛选与编辑，可以由专业团队进行相关思想教育工作的专题信息推送，不断贴近学生的学习生活实际。

2. 优化调整传播策略

辅导员要通过"微信公众号"来开展优质的思想政治教育工作，其中工作效果实现的条件和前提是学生具有较高的参与度，"微信公众号"应当吸引更多的学生参与进来，如此才能不断实现其功能和作用。这就需要高校辅导员及相关团队要进行"微信公众号"的信息传播和相关策略的优化调整，培养和提升思想政治教育工作者的品牌推广意识，让学生能够更加充分地了解到学校的新媒体教育思路，使"微信公众号"能够获得学生的广泛支持和关注，从而为学生在"微信公众号"中接受更加深刻的思想政治教育创造条件。

辅导员和相关教育团队可以从优化推广入手，不断寻找和选择更加符合学生实际需求的方式来进行"微信公众号"的宣传。例如，在进行学校迎新时，面对新生可以加强对"微信公众号"的宣传，呼吁学生关注相关平台，并且告知学生各类活动将通过平台进行，拉近学生与平台的距离。此种方式能够不断保障平台的活跃程度，提高学生的参与度和关注度。除此之外，还可以根据各种文艺表演、宣传活动、体育竞技活动等在"微信公众号"上设置投票环节，增强"微信公众号"的存在感，不断增加学生的兴趣点，鼓励学生主动分享和传播，以此来获得更多学生的关注。

3. 保障推送时效质量

在当今的互联网时代，信息的传播速度较快，其中包含的信息量也较大，学生会在日常生活中面临各种各样的网络信息，因此学生的浏览注意力会呈现出碎片化的趋势，学生在进行网络信息浏览时视线会被分散。在信息量较大的网络平台上，学生的浏览速度会比较快，但学生会根据自身所感兴趣的相关内容进行重点阅读，如一些娱乐信息、游戏项目等，而对于一些具有教育性质的文章，学生很多时候不会过多关注，这将不利于辅导员通过"微信公众号"对学生进行思想政治教育。因此，要保证新媒体思想政治教育的质量，就应当充分保障信息推送的时效和质量，应当提高信息的趣味性和有效性。

第一，在推送时间上，应当选择学生阅读欲望比较强的时间段。例如，晚上11点左右是学生浏览网页和阅读的黄金时间。辅导员和相关团队发布信息内容应当及时、准确，以保证不断保障和提升信息的时效性。

第二，在推送契机上，应当在重大节日、纪念日，如五四青年节、雷锋纪念日等具有教育性意义的重要节日之前做好推送内容的提前设置，以保证能准确及时地发布相关信息。

第三，在阶段安排上，相关团队应根据学生每天、每学期的相关需求以及思想认识变化进行调研，根据学生的学习生活需求，向学生推送一些具有更高价值的信息。

4. 挖掘分析数据反馈

"微信公众号"平台中的数据反馈是帮助辅导员完成更高质量的思想政治教育工作的重要途径之一。学生在浏览和使用"微信公众号"后，后台会出现相关的数据分析，这些数据能够帮助辅导员在新媒体教育环境下进行思想政治教育工作的全面了解，从而为辅导员推进工作提供了更好的支持条件。因此，相关工作者应当充分重视"微信"所自备的后台数据分析功能，充分利用这一现有价值，不断挖掘和分析学生的反馈意见，关注和全面理解学生的思想动态变化和需求。

相关数据分析团队应当根据新媒体环境下数据整理分析的相关知识，不断建立数据分析体系，并根据相关结果进行信息宣传和思想政治教育方案的更新和完善。数据分析工作者应当对自己所发布的信息组合进行判断，并根据结果适当改变接下来工作的组合类型配比和体系。例如，相关分析者可以对高转发量、高阅读量的链接文章所占的比重进行分析，对一些影响力较大的文章进行重点推送，适当调高每日信息发布中主要文章的占比，不断打造具有更高教育质量的"微信公众号"思想政治教育平台。

"微信公众号"的相关优势和特点与高校的思想政治教育能够进行充分有效的融合，其能够突破时空限制，信息量大并且传输速度快，使用自由，这些特点满足了当代大学生的学习需求，为高校辅导员对大学生进行思想政治教育提供了便利。高校的思想政治教育是高校教育任务和教育目标的重要组成部分之一，而高校的辅导员作为与学生沟通交流、了解学生学习生活的关键角色，应当不断顺应时代发展的趋势，充分利用"微信公众号"来对学生进行思想政治教育，帮助学生树立起正确的世界观、人生观和价值观。

三、叙事疗法的应用

辅导员是高校思想政治教育的重要力量，也是开展学生工作的组织者和实施者。由于时代的发展和多元文化的影响，大学生的思想日益复杂，这就要求辅导员要拓宽思路，不断探索新的工作方法。叙事疗法是一种心理辅导方法，基于其技术和方法的独特优势，它和辅导员工作二者之间具有互通性。它契合了大学生的心理特点，因此，将其引入辅导员日常的思想政治教育中，不仅有利于解决大学生面临的问题，而且还能帮助辅导员优化工作策略，从而使思想政治教育工作顺利开展。

（一）叙事疗法与高校辅导员思想政治教育工作的互通性

1. 教育对象指向的统一性

叙事疗法和辅导员思想政治教育工作之间有着紧密的联系，它们服务的对象是在行为、情绪、心理方面出现问题的学生。叙事疗法主要是对学生进行心理辅导，以使其能够更好地调适心理压力，从而适应社会。辅导员的思想政治教育工作主要是引导大学生形成健全的人格和良好的思想品德。叙事疗法属于心理学范畴，但是心理辅导不能脱离思想问题，二者的教育对象具有统一性，都包括大学生的人格塑造、心理健康、人生目标等内容。叙事疗法与辅导员思想政治教育工作分别属于认识的不同阶段：叙事疗法属于感性认识阶段，主要引导大学生形成健康的心理品质；辅导员思想政治教育工作属于理性认识阶段，主要规范学生个人的思想行为。叙事疗法的引入可以保证辅导员教育工作的顺利进行，能够弥补思想政治教育工作的不足，能够改善辅导员通过单纯说教的方法开展工作的现状，从而为其提供新的教育视角。不论是辅导员思想政治教育工作还是叙事疗法，它们的服务对象都是人的精神世界，都以人的意识为切入点，都为着解决学生的现实问题。叙事疗法从个体需要着手，而思想政治教育工作则从社会需要入手。从广义来看，思想与心理存在着从属关系，思想本身就包含心理，思想问题和心理问题二者相互交织，叙事疗法的运用有利于辅导员提高工作效率，而其有效地开展工作是学生形成健全人格的保证。

2. 教育载体运用的共同性

叙事疗法主要是辅导员和学生在故事中进行交流，辅导员的思想政治教育工作也是在交流中完成的。通过沟通，学生可以将自己的经历通过语言表达出来。同时也能将这些片段组成相对完整的故事，这有助于学生理解过去并构想未来。在进行交谈的过程中，使用一些交流技巧可以使大学生的内在发生转变，辅导员应该坚信，大学生有能力解决问题并不断完善自身。在一定程度上，叙事这种独特的方法被用在辅导员的工作中，有利于实现思想政治教育的目标。在使用这两种方法时，辅导员需要用发展的眼光来看待学生的思想和行为，在进行思想政治教育时，可以采用叙事疗法中的一些方法，两者的工作方法具有一定的渗透性。

3. 功能作用导向的相似性

运用叙事疗法的目的是解决大学生面临的现实问题，从而使之形成健康的心理状态。辅导员教育的目的是提高大学生的思想道德水平，使其形成健全的人格。这两种方法都是针对学生的思想和心理现状而使用的，最终目的都是把大学生培养成为身心健康的全面型人才。心理疏导是辅导员进行教育工作的重要环节，辅导员可以借鉴心理学的相关原理，运用叙事疗法，将其运用到工作中，使学生能够自觉地进行自我反思，从而找到生活的意义。

（二）应用的条件

1. 共情理解

在学生讲述自己的故事时，辅导员应仔细观察其言语、姿势、表情等所传递的信息，如此才能真正进入学生的故事中，进而走进学生的内心世界，这是辅导员与学生产生共鸣的前提。作为真诚的朋友，辅导员需要设身处地地理解学生的人生经历，用换位思考的方法体会学生当时的情感。对于学生面临的困惑和烦恼，辅导员不仅要帮助学生从客观上进行分析，而且还要在情感上对学生予以理解。人都有被尊重的需要。因此，当辅导员真正做到理解学生时，学生的这种被尊重的需要才能得到满足，从而更愿意将内心的想法表达出来。

2. 积极关注

积极关注就是对于学生的各种行为和问题，辅导员要主动地去关心和了解。辅导员可以透过学生的表情、举止、言语去关注学生生活的世界，了解学生如何看待世界以及挖掘学生的潜能。大学生的心理有时比较脆弱和敏感，这就决定了他们非常渴望得到家长、教师和同学的关注与理解，辅导员在进行叙事治疗时，积极地关注学生的动态有助于了解学生对问题的思考、理解、认识。积极的关注可以为辅导员和学生提供一种更宽、更广的空间，使学生可以放下面具，袒露自己真实的想法，在这一过程中，学生能够更好地了解自我，同时辅导员也可以更好地参与到学生叙说的故事中。即使有时候学生回应自己不知道，辅导员也应保持尊重的态度，之后可以通过创意的问话，多次尝试，最后必将发掘藏于学生身上的智慧。积极关注的作用是使学生对辅导员产生信任，并且使辅导员能够及时发现学生的现实问题，进而有利于双方的对话交流。

3. 真诚透明

辅导员要想成功地运用叙事疗法，首先要做到的就是真诚，真诚透明的交流需要摆脱角色的束缚，辅导员在与学生进行交流时，不能将自己看作解决问题的"专家"，而要把自己看成学生的倾诉者和真心的朋友，双方之间是一种平等的关系，并且还要做到表里如一，将内心的情感真诚地表达出来，也就是要求双方做到自我展露。这是真诚待人的重要体现，要做到真诚透明，共同分享自己的人生经验，从而获得彼此之间的信任。新时期的大学生心理比较敏感，他们在与辅导员交谈时，其实很容易就能够分辨出辅导员是否是真诚地在与他们建立关系。因此，双方在谈到重要的问题或个人隐私时，辅导员要明确自己的任务。如果学生在交谈中回应"我不知道"，那么就意味着他对辅导员没有足够的信任，不愿意向辅导员倾诉，此时辅导员需要用行动去帮助他们，用真诚去感染他们，最终使他们愿意敞开心扉诉说自己的人生经历。

（三）应用的原则

1. 政治方向性与整体发展性相结合

政治方向性是运用叙事疗法应该坚持的第一原则。辅导员在开展教育工作时，必须遵循《普通高等学校辅导员队伍建设规定》的要求，坚持正确的政治方向，引导学生不断完善自己的人格。而思想政治教育具有意识形态性，因此，叙事疗法运用的最终结果必须符合党性和政策性。辅导员要适时开展世界观和人生观教育，引导学生坚持正确的立场和观点，帮助学生解决其面临的心理问题，只有这样才能确保叙事疗法运用的有效性。然而，面对社会的激烈竞争，大学生需要在德、智、体、美、劳等方面全面发展，在知、情、意、信、行等方面协调发展，从而使自身更能适应社会。辅导员在运用叙事疗法的过程中，不仅要注意坚持正确的政治方向，而且还要关注学生整体的人格。叙事疗法不仅涉及学生的理想信念、价值取向，而且还涉及学生的心理、态度、情感。因此，辅导员需要将政治方向性和整体发展性结合起来，使二者相互促进、相互影响。除此之外，还要在正确政治方向的引导下，开展叙事疗法，使学生健康成才，同时还要运用相关的技术和方法，使大学生树立坚定的信念，提高大学生的思想觉悟和道德水平。

2. 个体差异性与双向互动性相结合

个体差异性原则指辅导员在对学生进行叙事疗法时，要注意其个体差异，做到有的放矢、区别对待。这就要求辅导员要根据学生的年龄、性别、学习状态、人际关系、性格等的不同特点，找到他们各自的心理特征，并在分析个体心理特征的基础上，依据每个学生的个体差异而采取不同的交谈方式、语言技巧，从而对学生提出有效的建议。因此，辅导员只有仔细观察、认真挖掘每个学生的内心世界，才能了解学生的现实困惑和心理障碍，从而对症下药，达到叙事疗法的目的。同时，要使叙事疗法取得良好的效果，辅导员还应注意和学生之间的双向互动与沟通，具体来说，就是辅导员要在掌握学生心理状况的条件下，及时与其交流与沟通，获得真实的想法和感受，并根据与学生沟通中获得的信息，对叙事疗法的技巧、策略进行适当的调整，而且双方的互动次数要根据具体情况而定，这样才能保证双方交流的信息是真实可靠的，也只有这样，双方之间才会相互信任，关系才会更加紧密。叙事疗法在运用的过程中需要非常灵活的技巧，需要辅导员在全面了解学生个体思想动态的基础上及时发现问题，并在交流互动中逐步解决问题，从而实现思想政治教育的目的。

3. 真实情境性与反思构建性相结合

辅导员在运用叙事疗法的过程中，要遵从胡塞尔"面向事实本身"的思想，注意故事的真实性和实践经验的描述，这就为叙事疗法取得一定成效奠定了基础。辅导员在与学生沟通时，首先要与学生建立良好的关系，使其愿意吐露心声，这有利于叙事疗法实践工作的顺利开展。其次需要在倾听学生故事的同时，发掘内隐于学生生活事件中有积极意义的细节，并在倾听中从新的角度解构问题故事，从而将那些被学生忽略的但却有意义的情节进行完善和丰富。最后其和学生双方需要在反思中构建积极的思维模式。杜威认为反思就是坚持对人生经验进行研究、整合，从而形成重构新故事的能力。辅导员在生活和工作中会经历各种各样的教育事件，会参加一些技能培训，这些使得辅导员能够在探究和分析心理特征的同时运用叙事疗法的相关技术解决学生的现实困惑。辅导员通过总结经验、反思现实，从而达到对问题的深入理解，而学生则在辅导员的引导中不断进行自我反省和构建，逐步塑造自我、改变自我。因此，辅导员在运用叙事疗法时必须将真实情境性与反思构建性结合起来，注重对学生人性的理解和关怀，这不仅转变了辅导员的工作思路，拓宽了其工作渠道，而且还有利于学生的自我成长。

（四）应用的模式

辅导员在运用叙事疗法时，通常不是按授课形式开展的，而是以谈话方式进行的。谈话中语言的技巧决定了辅导员是否会收到积极的效果。叙事疗法作为一种新型的辅导方法，是辅导员与学生在交流中可以立即使用的一种好方法。因此，在运用叙事疗法时，按照一定的模式开展工作有利于解决学生心理问题（如图 6-1 所示）。

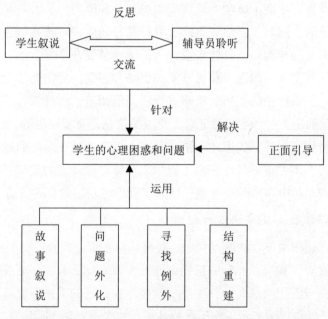

图 6-1　叙事疗法在高校辅导员思想政治教育中的应用模式

1. 学生叙说——以感性叙事启迪个人智慧

面对社会矛盾错综复杂的现状，大学生的生活方式、价值取向和心理状态会有强烈的反映，这些问题若得不到及时解决，那么大学生的心理很可能会失去平衡，因此，辅导员应关注学生的思想和行为变化，并做他们的倾听者和真心的朋友，使他们愿意倾诉自己的思想和情感，这是叙事疗法有效开展的前提。心理学研究表明，个体在其人生经历中总会有对自己有重大影响的经历，而每个人都有将其表达或者倾诉的愿望，并且在事情发生后，总会对该事情进行解释、反思。学生在叙述自我故事的时候，往往会将自己的体验融入故事中，而叙事疗法的运用就是使学生在感性叙事的同时重构和编排自己的生活故事，这样，学生才能够重新认识自己的生活，从而在叙事中发挥自己的主观能动性。其实，学生的叙事过程就是向辅导员表达自己对人生经历的看法、呈现自己的价值诉求和情感需求的过程。学生叙事的意义不在于对原事件进行恰当的评价，而在于领悟故事背后的意义，使自身从自我认知的偏差中抽离出来，从而逐渐找到积极的自我认同。

2. 辅导员聆听——以反思交流化解心理矛盾

倾听是辅导员有效运用叙事疗法的前提，它事实上是辅导员发现解决问题正确途径的必经之路。对于大学生来讲，他们经历的苦痛和烦恼往往不愿向家长倾诉，如果长期的压抑得不到缓解，那么其就会有心理偏激，因此，辅导员要与学生成为朋友，使其能够放心倾吐自己的心声，这一点极为重要。辅导员在听学生讲故事时，要将自己放在故事之中，去切身感受学生的内心世界。同时，也可以不用和他们刻意保持距离，而是作为一个真心的朋友，参与到他们的故事中，去理解他们的生活和世界。叙事疗法作为一种后现代主义的技术，符合大学生的思想特点。其通过特有的语言技术和情境设置，丰富个体积极的生命体验和自我认同，以情感教育和理性引导相结合的方式，促进大学生的健康成长，从而达到长久育人的目的。此外，在倾听过程中，辅导员还应该让学生感受到自己的尊重和耐心，并且对于问题的解决持有乐观的态度，这有利于化解学生的内在矛盾。

3. 叙事效果——以正面引导升华精神诉求

叙事疗法的观点使人们相信故事是部分或暂时的真理，而非固定不变的实相，故事是可以被编辑、修正和重新诠释的。通过叙事疗法，辅导员可以引导学生在叙说中建构新故事，并理解他们积极的人生追求。学生在叙说时，往往会把自己生活经验的片段组成一个充满问题的故事，同时，辅导员在倾听过程中，为了帮助学生改写故事，也会将生活中的一些片段组成一个故事，这时两个故事就在谈话中相遇了，随着叙事空间的拓展，学生的自我故事就会发生改变。辅导员的这种关切和好奇，可以使学生进入自己的故事中，从而在解构中不断丰富新故事，组成鼓舞人心、色彩丰富、引人入胜的故事。辅导员在解构性的谈话中扮演着积极主动的角色，这会使得那些支线故事的理解、信念、意图浮现出来。在这一过程中，学生充分发挥了自己的主观能动性，使积极的人生态度充满自己的内心。如此，正面引导的作用就是使学生形成正确的思想观念，培养其良好的道德情操，使其能够合情合理地看待自己，在面对各种压力和挑战时，能够冷静地审视自己，把握与调节自己的情绪，做到适时地自我安慰，从而使自己健康成长，并使自己的精神诉求得到升华。

（五）有效途径

1. 坚持以人为本——关注学生成长

高校是培养人才的摇篮，其育人环境直接影响着大学生的成才，管理者的育人理念是大学生成才的重要保障。辅导员作为高校学生的工作者，必须树立以人为本的理念，时刻关注学生的思想动态，了解其现实需求，切实帮助其解决问题。

首先，要关心和爱护学生，尊重学生的人格。辅导员要想成功地运用叙事疗法，前提是双方平等地对话与沟通，而只有关心学生才是打开他们心灵窗户的钥匙。马卡连柯曾说过，教师应该对每个学生都充满爱，即使对于品德败坏的学生也要帮助其摆脱现状。面对那些存在心灵创伤的大学生，辅导员要用自己的真诚打动他们，使他们愿意吐露心声，而不能用讽刺或挖苦的言语去打击他们。

其次，要宽容和信任学生。面对因心理困惑而做出错误行为的大学生，辅导员的宽容就是他们重新认识自我的机会，这会让学生感受到安慰和关爱。同时，采取信任的态度使他们畅所欲言，能够帮助辅导员得到更多有价值的信息，更有助于帮助其实现自我转变。宽容和信任可以使双方充分交流，平等对话，营造良好的氛围，缓解紧张的情绪，有利于教育达到理想的效果。

最后，要树立服务学生的意识。叙事疗法的运用要从学生的思想实际出发，解决学生面临的现实问题，从而促进大学生的健康成长。树立服务学生的意识，就是以学生为主体，为学生的成长和发展创造良好的外部条件，将学生的精神需求和目标取向结合起来，从而增强教育的实效性。

2. 营造和谐环境——开展情感交流

环境对人正确思想的形成有很大的作用，因此，辅导员在运用叙事疗法时，要注意营造和谐的环境，因为这是促使他们与学生有效交流的前提条件。

首先，改善校园自然环境，使学生保持愉快的心情。教室是学生学习的主要场所，改善教室的空间布局，使学生置身于祥和的小天地里学习，能够为学生进行叙事交流奠定基础。同时，辅导员还应该改善宿舍和餐厅的环境，使之为学生提供和谐的生活环境，让学生感受到"家"的温馨，这能够缓解学生日常生活中的压力，使其保持乐观的心态，有利于实现辅导员与学生的充分交流。

其次，建立和谐的人际关系，使学生享受生活的乐趣。大学生在成长的过程中，由于各方面的压力，常会产生孤独、烦恼和焦虑的情感，这时，辅导员可以适时开展班级座谈会和班级联欢会等，为师生间与同学间的交流创造条件，长此以往，师生间便可以形成朋友式的友好关系，同学间互帮互助、融洽相处，从而营造一种友爱和谐的班级氛围。这有利于辅导员了解学生的思想动态，及时运用叙事疗法解决学生的现实问题。

最后，注重校园文化建设，形成良好的氛围。校园文化是大学精神风貌的重要标志，这能为辅导员运用叙事疗法提供有效途径。良好的校园文化可以调节学生的心理状态，提升其人文素养，丰富其情感体验，使其心胸逐渐开阔，从而缓解不良情绪的影响。因此，营造和谐的环境能为叙事疗法的成功运用提供契机。

3. 注重故事隐喻——做到情理融合

叙说是人的本性，人的经历是由许多故事组成的。叙说是人们交流的工具，人类喜欢用故事来表达自己的人生经验。叙事疗法运用"叙事"的隐喻原则，把人们的生活经历编成故事，使人们在不断解构中发现隐藏的意义。辅导员在思想政治教育中，面对的是一个有知识、有理想的大学生群体，既要针对学生存在理性因素的特点，进行说服教育，又要注意学生心理敏感的特点，积极开展情感交流，从而达到情理融合的目的。

情理融合要求辅导员在进行教育时，不仅要从理性层面对学生加以引导，而且还要切实关爱学生，了解其思想状况和心理需求，经常与其交流和沟通，及时发现问题。在思想政治教育中，辅导员要在倾听学生叙说故事的基础上，注意从新的角度，用新的态度，挖掘特殊事件背后隐藏的积极意义。辅导员要相信学生强大的内在力量，不仅要在生活中关怀学生，还要在学习中帮助学生，从而赢得学生的信任。其既要做到以理服人，又要注意以情感人，将二者结合起来，从而达到良好的教育效果。

4. 努力外化问题——挖掘优势潜能

在通常情况下，任何事情的发生都是有原因的，学生之所以会出现心理困惑主要是因为其所经历的某些事件。叙事疗法专家认为，个体产生问题主要是因为他过分看重某些事实，从而在自己的思想中将其不断放大、不断重现，久而久之，问题故事成为其生活的主宰，使其无法接受美好的事物。事实上，人和问题不具有直接同一性，问题只是暂时地隐藏在人的思想中，人们可以通过改变自我意识，将问题剥离出来，从而使人免受问题的影响。

首先，从新的角度构建好的故事。好的故事不仅可以使人精神焕发，形成洞察力，使那些本来模糊的生命力彰显出来，而且还可以使人找到自信，激发内心强大的动力。

其次，运用拟人化的语言不断反思和探索。辅导员应将学生的问题看成有生命的东西，并赋予它情感和想法，认为它会浸入学生的生活中对其产生影响。拟人化的语言能使学生在轻松的对话中不断思考问题的本质，如"孤独是怎样偷走你的快乐的"。

最后，相信学生自我改变的力量。叙事疗法中重构的新故事不是结果，而是一种途径，辅导员通常凭借它来解决问题。辅导员通过将学生的问题故事外化，引导学生重新构建并改变解决问题的方法，尊重学生的自我价值观，强调学生自我改变、自我发展的能力，引导学生将已有的生活经验转化为有助于解决问题的新故事，进而在丰富新故事积极意义的基础上促进问题的解决。

5. 利用网络平台——进行合理引导

网络时代的到来丰富了大学生的业余生活，为其广泛交流提供了新的载体。高校辅导员要紧跟时代步伐，运用网络这一学生乐于接受的方式进行教育，通过创建班级 QQ 群、微信群，利用网络沟通无须面对面即可交流的优势，引导大学生倾诉自己的想法，并表达真实的情感诉求。还可通过关注学生个人空间和微博等来了解学生。网络平台为辅导员开展工作提供了有利的条件，而且这样的方式也能让学生感受到平等的交流，有利于增进双方的理解和信任。因此，叙事疗法的运用需要借助网络平台的优势来提高教育的效果。

首先，利用网络实现现实世界与虚拟世界的融合。叙事疗法运用的核心是将学生面临的现实问题背后所隐藏的积极意义不断丰富和完善。因此，辅导员可以利用网络达到正面引导和积极建构相统一的目的，并以此来达到更好的教育效果。

其次，通过网络资源扩大知识覆盖面，能使辅导员在与学生的交流中更加得心应手。辅导员了解大学生的心理特点，掌握大学生关注的问题，更容易找到与学生的共同语言，从而便于进行情感交流，使学生说出自己的所思所想。

最后，构建专门的网络教育平台，与学生分享相关实例成果。大学生是使用网络的重要群体，辅导员可以针对学生的特点，提供多种心理疏导方法和实例研究，为学生解决自己成长、理想以及择业方面的问题提供借鉴。因此，充分利用网络的指引作用，发挥网络媒介的影响力，有利于引导大学生正确处理各种网络问题，不断提高其判断能力，并深化自我认识，为辅导员使用叙事疗法创造条件。

（六）具体方法

针对每个学生的不同特点，叙事疗法的运用有其特定的技术和方法。因此，辅导员需要根据学生个体的特殊性，具体问题具体分析，运用具体的方法进行叙事治疗。

1. 听——在叙说中解悟个体

"听"主要是针对学生而言的。学生在叙说时，如果听众越多，就会变得越害怕，这说明学生还没有敞开心扉，用开放的心态去诠释自我，面对这种情况，辅导员要给予学生继续叙说的信心，并且把学生的"故事"录制下来，让学生去听自己的故事，从而逐渐放松下来，摆正自己的心态，并且愿意真诚地与辅导员进行交流，辅导员也可以复述学生的故事让学生听，使学生从新的角度发现自身的闪光点，并在辅导员的引导中解悟自我。在学生叙事时，随着故事高潮的展开，辅导员可适当增加一些听众，这样能够提高学生叙事的效果。在叙说中解悟个体就是使个体在外界环境与自我适应之间形成的一种惬意恬适的状态。在日常思想政治教育中，辅导员可尝试运用倾听叙事的方法，引导学生不断将问题与自身剥离开来，并且在解构故事中引导学生发现问题，最终解决问题。学生从中可以看到自身潜在的能力，进而达到解悟个体能量的目的，并在其中掌握剖析问题、解悟个体的能力。

2. 读——在叙事中体悟情境

默读叙事是辅导员在思想政治教育中运用相对广泛的一种方法。其不需要学生出声叙事，也不需要辅导员提供专门的叙事场所，因此，更易于被学生接受。

默读叙事实际上是一种心灵阅读、心灵沟通，只需要学生静静地阅读图书、信件或生活日记。默读叙事重在"叙事"，是一种重视学生心理变化的活动，其是学生在对所阅读故事的反思与重构中感悟自身。将信件提供给学生默读对学生的自我反思很有帮助，会使有负面情绪的学生从中找到生活的希望。信件有长期保存的优势，这为学生不断反思提供了条件。默读叙事特别重视场所的布置，学生在默读时需要一个安静的、舒适的、优美的环境，这种环境不仅有利于学生放松心情，而且还可以让学生体会到生活的美好。同时，默读叙事还要注意阅读的内容。阅读的内容应将学生的生活片段和励志的成功故事结合起来，使学生成为自己心灵的捕手，帮助学生走出"问题"带来的阴影，从而找到自己的人生价值和意义。因此，默读叙事的主要目的在于强化叙事治疗当中学生对于自我内在的改变和信心的重塑，帮助大学生找回迷失的自我，构建生命的新意义。

3. 写——在记叙中顿悟人生

写作本身具有表达内心、宣泄情感的作用，被认为是对心理有益的事情。写作叙事是学生自我情感的表达和反思。写作是学生在已有的思维框架中编写自己的人生的过程。在写作过程中，学生应真诚地表达自己真实的想法，讲述自己的生命体验，在此过程中，学生会不断地反思自己的言行。写作叙事将一段时期学生意识中的片段组织起来，组成一个完整的故事，从而将事件清晰地呈现出来，这为学生的自我审视奠定了基础。总之，写作叙事基于学生日常的情感体验，用学生内心感受编织一个故事，并从故事中解构出学生对待人生的态度。叙事疗法鼓励学生从不同的视角叙述自己的生活故事，这需要辅导员引导学生找出现实和理想之间的矛盾，使学生找到积极的人生意义。写作叙事通常需要辅导员为学生布置一个有利于创作的情境，让学生在写作中构建生命的主导故事，使其思想中某些令人苦恼的经历可以转变为充满希望的人生故事，从而帮助学生顿悟人生。

倾听叙事、默读叙事、写作叙事通常适用于那些自我反思能力较强的学生，他们通常在"听""读""写"中表达自己内心的想法和感受，并通过对过去事件的不断评估和反思，从新的角度解释故事，从而不断构建出积极的自我认同。在叙事疗法中，辅导员的正确引导和鼓励，能够为学生重构新故事开辟道路。

（七）叙事疗法在辅导员思想政治教育工作中应用的重要性

作为一种心理辅导方法，叙事疗法的引入是高校辅导员工作理论和方法的重大创新，它为思想政治教育工作提供了新的思路，同时也很好地解决了学生面临的问题。此外，叙事疗法的运用也有利于辅导员更加明确自己的角色定位，从而在不断反思中实现自我成长。

1. 有利于提高思想政治教育工作的实效性

辅导员是高校学生工作的骨干力量，承担着对大学生思想引领的重要任务，因此，其工作的效果直接影响着学生的发展。但是随着网络时代的到来，大学生的价值观日益多样且复杂，这对他们的行为方式产生了一定的影响。面对这样一个纷繁复杂和多元文化汇聚的现代社会，辅导员在思想政治教育工作中往往会出现一些新情况和新问题，这使其教育工作平添了不少麻烦。针对这种情况，辅导员必须在原有工作模式的基础上，不断改进方法和技巧，努力学习多样化的工作策略，以提高自己的工作能力，不断提高思想政治教育的实效性。因此，辅导员不仅要掌握大学生现阶段的状态，及时发现其面临的困惑，而且还要了解其过去的心理问题以及未来潜在的状况，既要了解大学生外在的表现，又要探究其内心，坚持外在与内在的统一。叙事疗法作为一种全新的工作方法和新颖的教育方式，是在大学生讲述自己生命故事的基础上，引导大学生重新审视和感悟人生。叙事疗法的引入，符合高校思想政治教育的实际情况，有利于改善教育的实际效果。

2. 有利于解决大学生面临的问题

随着网络时代的到来，人们处在激烈的竞争环境中，面临的压力和挑战也空前加剧，大学生作为重要的群体，也会在学习、就业和人际交往等方面有一定的压力。因此，辅导员需要对不同年纪的学生进行及时而有效的引导，使其能够顺利通过考试。就业压力主要是因为社会就业形势日益严峻，大学生难以实现自身的价值，学习的知识不能运用到实际工作中，这难免会使学生产生自卑心理，同时，激烈的竞争使得学生在就业中屡遭失败，从而产生自暴自弃的心理，这种状况也会对低年级的同学造成一定的影响，使他们对未来生活充满迷茫。

产生人际交往的困惑主要因为大学生的活动领域扩大了，交往的人群变得复杂，而大学生群体缺乏社会经验，极易受到多元价值的影响，并且对于社会变化和社会生活的某些方面难以理解、难以适应，从而形成以自我为中心的个人主义价值观。有些学生自主意识和自尊心极强，不愿展露自己的内心世界，很难建立起良好的人际关系。叙事疗法是辅导员运用适当的方法，在学生叙说自己的人生经历时，不断将问题外化，找出没有发生问题的例外情况，并采用特殊的技巧，将这个例外的片段不断丰富和完善，从而引导学生形成积极健康的人生态度。在叙事疗法中，辅导员和学生的相互尊重、相互信任，能使学生找到自我认同，这有助于大学生将面临的现实困难外化，运用乐观的心态看待自己的生活，并对未来的生活充满憧憬和希望。

3.有利于辅导员的自我成长

高校辅导员与大学生联系最为密切，与学生沟通的机会较多，他们的言行对学生能够产生直接的影响。因此，辅导员要与时俱进，不断丰富工作策略和方法，努力提升专业水平，拓宽工作思路，为学生的发展保驾护航。叙事疗法的运用能够更好地拓展辅导员的实践能力，这也是响应国家关于辅导员政策的必然要求。

第一，有利于辅导员提高工作效率。面对大学生思想状况日益复杂的现状，辅导员说教的方法很多时候不能起到应有的作用，这就导致其难以解决大学生的心理问题，从而及时了解和把握学生的内心世界。叙事疗法这种注重叙事隐喻的方法，很好地契合了学生的心理特点，从而能够增强辅导员思想政治教育工作的效果。

第二，有利于辅导员提高教育能力。在叙事治疗的过程中，辅导员在倾听学生叙说的故事时，要努力挖掘故事背后所隐藏的片段，并且要引导学生将这些片段不断地丰富，使之变成有积极意义的新故事。这就需要辅导员在学生的叙说中进行合理引导，发现主流故事中的支线。因此，叙事疗法的运用不仅能够提高辅导员的探究能力和沟通能力，而且还能为其积累丰富的教育资源，有利于辅导员专业化水平的提高。

总之，叙事疗法不仅有助于学生心理的健康发展，而且还可以使辅导员对自我角色进行不断反思，有利于辅导员的自我成长。

第七章　思想政治教育中高校辅导员队伍的建设与发展

高校辅导员队伍建设的成果直接影响到高校思想政治教育工作的水平。因此，高校辅导员队伍建设必须立足思想政治教育工作改革与发展所提出的新要求。本章分为高校辅导员面临的机遇与挑战、高校辅导员队伍建设的重要意义、高校辅导员队伍建设的途径、高校辅导员队伍的未来发展方向四个部分。主要包括教育对象变化的现实诉求、辅导员工作职业发展的内在需求、推进高校辅导员队伍理念建设、优化高校辅导员配备建设等内容。

第一节　高校辅导员面临的机遇与挑战

一、呼应大学生思想政治教育的实践

思想政治教育制度环境作为思想政治教育环境的重要组成部分，对于促进辅导员队伍建设有着重要的作用。学生们希望能够和教师进行平等的交流和沟通，这既体现了学生对"以人为本，促进人的全面发展"的价值理念的高度认可，又体现了学生渴望得到人文关怀的强烈愿望。

国家非常重视大学生的思想政治教育工作。但是，随着国内外局势的深刻变化、市场经济的深入发展，大学生的思想观念受到了前所未有的冲击。对比市场经济与计划经济的发展要求，市场经济主体需要更多的自律。市场经济制度规定着人们的可为与不可为，在市场经济条件下，人们靠自身的自律行为来满足既合乎法律又合乎道德的要求。随着市场经济的深入发展，社会日益制度化和道德化。传统的辅导员工作模式，无论是方式方法，还是形式内容，都已经不能适应大学生思想变化的需要。因此，辅导员制度必须适应社会制度环境，满足大学生成长的需求。

二、高等教育大众化的必然选择

我国高等教育大众化区别于精英化的最显著的特征是高校学生规模在短期内迅速扩大。目前我国的高等教育水平在国际上已经达到了一定的高度。国务院决定适当控制招生的增长幅度，把重点放到提高教育质量上。因此，国家进行了一定的宏观调控，使得招生增速有所回落，高校学生人数进入了稳定增长时期，大学生的学生结构、学生需求和群体文化随之也发生了变化。但大学生在学习目标、个人观念、思想素质、个性特征等方面的差异性逐渐凸显出来了。同时，社会价值的多元化、西方文化的冲击等也对大学生的思想产生了影响，其中不乏负面影响。

三、教育对象变化的现实诉求

辅导员对象的深刻变化，要求辅导员自身要不断地成长进步。辅导员对象的变化主要体现在以下几方面。

（一）信息时代辅导员与大学生拥有对等的信息获取量

在传统辅导员工作中，辅导员凭借着占有信息的优先权对大学生进行有效的施教，因此在学生中获得了较高的地位。然而，随着信息时代的迅速到来，大学生可以通过网络获得想了解的各种资源，信息获取量在某种程度上已经超过了辅导员。因此，辅导员要想更好地对大学生进行教育与辅导，就必须从自身出发提升信息获取的能力，提升专业技能水平。而辅导员制度的发展与完善，客观上为辅导员提升专业技能提供了保障，从而满足了信息时代大学生日益增加的发展需求。

（二）辅导员与大学生的主客体地位逐渐平等

这种平等互动的关系，是现代思想政治教育的重要标志。在传统的思想政治教育方式中，辅导员依托党政关系，借助资源优势，事实上已经导致了学生在思想教育中处于劣势地位，被动地接受教育，这不利于其自身主观能动性的发挥，也不能满足思想政治教育的需求。在当前的辅导员工作中，大学生与辅导员处于平等的地位，所以辅导员应当以平等对话的交流方式与大学生进行互动。辅导员需要改变传统的教育方式，充分尊重大学生的主体地位，注重大学生主体性的发挥。

（三）大学生成长成才的发展需求日益增多

过去辅导员制度政治功能占主导地位，所以其在培养人、塑造人的目标定位方面略显模糊。尽管辅导员在培养大学生树立社会主义意识形态方面起到了不可替代的重要作用，但是促进大学生全面发展的目标没有实现。目前大学生思想政治教育已经确立了以促进大学生的全面发展为目标，深入进行素质教育。这一工作目标的确立，客观上给辅导员工作带来了一定的挑战。大学生成长成才的需求是多方面的，而辅导员是大学生思想政治教育的骨干力量。如何履行好辅导员工作的各项职责，是辅导员队伍建设需要着力解决的重要问题。

四、辅导员工作职业发展的内在需求

高等教育的人才培养主要分为两大系统。一是专业知识和技能的培养，二是思想政治素质、个性和人生觉悟的培养。辅导员和专任教师在两项职能的发挥上，分别起着重要的作用。从其主要职能上来看，专任教师主要对大学生进行专业知识和技能的培养，辅导员主要进行大学生的思想政治教育。对于专任教师来说，职业化水平已经得到了社会的认可，而辅导员则没有，其职业化水平尚处在起步阶段。

（一）辅导员工作是专业性较强的教育实践活动

细化辅导员的专攻方向是激励辅导员长期从事辅导员工作的有效措施之一。在辅导员专攻方向的选择上，有一半的辅导员选择思想政治教育，也有选择心理咨询与服务、职业生涯规划与就业指导、学生日常事务服务与管理、学生活动及实践策划与辅导、学生宿舍服务与管理等。从每一个专攻方向的工作性质上看，其需要思想政治教育、心理、管理等相关学科的专门理论知识与技能作支撑。按照辅导员现在的工作要求，这些专业知识要统一集中在对学生个体的教育与培养之中。

（二）辅导员工作是一项具有社会性和群体性的工作

社会需求是职业产生和发展的推动力。随着高校招生人数的增加，辅导员的人数也将逐渐增加。如此庞大的职业群体，承载着为国家培养和输送人才的重要职责。辅导员制度在我国高校人才培养中发挥着重要作用。但辅导员工作不是一成不变的。随着大学生思想政治工作面临的新形势和新要求，辅导员工作的内涵和外延逐渐发生改变，这需要更完善的制度对其进行规制。

（三）辅导员工作是一项合法的实践活动

职业合法源于社会对该职业的需要和认同，表现在政府机关对该职业的确认。辅导员制度是被实践证明了的具有中国特色的社会主义教育制度，越来越

受到国家及相关教育部门的高度重视。从对大学生的思想政治教育纲领性文件的颁布实施，到辅导员队伍建设纲领性文件的颁布实施，这些体现了辅导员制度发展的不断深入，同时也为辅导员队伍的发展方向提供了建设思路。尽管目前辅导员的队伍建设尚不完善，但是国家对辅导员队伍建设的重视程度已经达到了前所未有的高度。

第二节　高校辅导员队伍建设的重要意义

一、中国社会主义现代化建设战略的需要

青年人才是国家发展的后备力量，更是实现中国梦的主力军。高校是青年人才培养的主阵地，习近平关于新时代高校思想政治教育一系列重要论述的提出丰富了高校思想政治教育的教学方式，提高了高校思想政治教育的教学质量，推动了高校思想政治教育工作的顺利开展，这不仅促进了当代大学生的成长成才，更助推了中国梦的实现。

（一）促进当代大学生的成长成才

摆脱了高中的升学压力，通过了高考，开启了梦寐以求的大学生活，没有了家长的时刻监管，大多数大学生的心理开始渐渐放松，有些还想尝试以前不敢做的事情，尝试新的事物，在这种情况下，其若没有把握好度，就会犯错。随着时代的发展，高校思想政治教育似乎已不能达到预期的效果，因此加强高校辅导员的队伍建设，给高校思想政治教育打一剂强心剂，对促进大学生的成长成才具有重要意义。

第一，帮助大学生坚定理想信念。辅导员要引导当代大学生树立远大理想，要用理论武装大学生，帮助他们用智慧的双眼来看待国家的前世今生，使他们不断增强"四个自信"，不断增进对我党的信心、信念和信赖，增强做中国人的底气和自豪感。

第二，帮助大学生树立正确的"三观"。正确"三观"的养成不是一蹴而就的，需要用思想政治教育告诉学生八个字，那便是"勤学、修德、明辨、笃实"。只有习得了这八个字的真意，并在现实当中以此为圭臬，学生才能做到修身立德、"三观"端正。

第三，培养德才兼备的人才。理论的积淀为大学生成长成才提供了正确的政治方向，方法则为其提供了正确的道路指引，德才兼备人才的培养离不开正

确的理论和方法的指导。高校的辅导员队伍建设，有利于大学生更好地端正品行，激励他们勇敢地做时代的开拓者和奋进者，做社会主义的合格建设者和可靠接班人。

（二）加快实现中国梦的有力步伐

中国梦是每一个中华儿女的共同夙愿，每个中国人都要为实现中国梦助力。大学生作为国家培养的高级人才，是推动社会进步的栋梁之材，是实现中国梦的后备力量。对大学生进行思想政治教育是实现中国梦的重要保证。高校辅导员队伍建设有利于提高高校思想政治教育的质量，对中国梦的实现意义重大。

首先，坚定中国道路。只有坚定中国道路，才能实现中华民族伟大复兴的中国梦。习近平创新了高校思想政治教育方法，运用大学生喜闻乐见的方式对其进行思想政治教育，使大学生更容易理解、接受党的政策、方针、路线，从而增强对党的信任，更加坚定中国道路。

其次，凝聚中国力量。中国力量就是中国各族人民大团结的力量，要实现中国梦就必须凝聚中国力量，而凝聚中国力量需要发挥高校思想政治教育的作用。因为大学生是实现中国梦的主力军，要让他们积极发挥聪明才智，努力学习，用知识武装头脑，为中国梦助力。

最后，弘扬中国精神。中国精神贯穿于中国五千年的历史中，是中国之魂。习近平在关于新时代高校思想政治教育的重要论述中，对高校思想政治教育的方法进行了创新，利用网络平台等各种载体更加全面地诠释了弘扬中国精神是实现中国梦的必然要求，积极地发挥了高校思想政治教育的作用。

二、中国现代大学制度的特色所在

（一）对现代大学制度的反思

现代大学制度的源头在西方，其始于 12～13 世纪在西欧出现的中世纪大学，从意大利的萨拉诺大学、博洛尼亚大学到法国的巴黎大学、英国的牛津大学，再经过 19 世纪洪堡创立的柏林大学，大学制度成为一种范式，直到美国高校建立的法人——董事会制度，现代大学制度才逐渐成为一种形式多样、体制完备的制度。

谈到现代大学制度，人们极容易用某种大学制度或标准来衡量中国的现代大学制度与体系。例如，美国大学所倡导的"黄金标准"，即以学术自由、学术自治、学术中立作为衡量大学成功与否的金科玉律。在这一理念指导下，西方现代大学的管理制度也较为独立，其运转模式类似一个公司或企业。这种模式的好处是大学依赖于社会化的职业管理，社会化程度、专业化要求和工作效率很高。如果以这一套西方现代大学制度或西方学术界主导的标准来衡量，我国的高等教育体系并不合格。然而，我们应该看到的是，由于中国现代大学管理制度中的特色和属性，所以部分具有政治属性的部门和机构在促进人才培养的过程中所发挥的功能和作用是不可或缺的。实际上，西方现代大学独立、自由、自治的管理制度是在其相应的政治、文化和社会土壤之上建立的。而中国高校现代大学制度也必须建立在中国的政治、经济、社会和文化基础上。

如果无法对中国社会和文化做出具体考量，无法对中国高等教育领域存在的深层次问题进行充分考虑，那么人们就难以全面认识中国大学制度。事实上，任何一种大学制度都不是无本之木、无源之水，它都根植于相应的社会制度和文化。人们若要对中国高等教育及其所代表的现代大学制度有一个较为清醒的认识，就需要结合中国社会发展的历史背景和社会现实要求来对其进行审视和反思。因此，大学管理制度的形成不仅是内部治理的问题，而且是大学与社会、大学与国家的综合治理的问题。一个好的大学管理制度一定不是偏颇的、极端的模式，而是能够协调各方面的利益，能够在诸多利益主体之间达到一种平衡状态的模式。对于中国特色现代大学制度的建立而言，其就是要在中国社会转型和发展的历史语境下，不断审视、改革、创新和完善，提出新问题，从而给出具有时代内涵、教育本质和高校特征的独特答案。

（二）完善中国特色现代大学制度

《纲要》提出，要从完善治理结构、加强章程建设、扩大社会合作和推进专业评价四个方面来探索和完善中国特色现代大学制度。应该说，中国特色现代大学制度既充分吸收了现代大学制度的基本要素，又结合了中国的实际国情和社会现实，体现了鲜明的中国特色。

1. 完善治理结构是中国特色现代大学治理结构的重要特色

中国特色现代大学的治理结构包括党委领导下的校长负责制、健全的议事规则与决策程序、发挥学术委员会和教授的治校作用、发挥教职工代表大会和学生代表大会等群众团体的作用。其实说到底，中国特色现代大学的治理结构包括两个方面的内容。

一是党委领导下的校长负责制。即坚持社会主义办学方向，贯彻和执行党的方针、政策，坚持立德树人，依法治校，其最终目标是培养德、智、体、美全面发展的中国特色社会主义事业合格建设者和可靠接班人。保证高校社会主义办学方向、坚持有效的思想政治工作和德育工作、培育和践行社会主义核心价值观是把握意识形态工作的领导权、管理权和话语权的重要途径。这是中国高等教育的特色，是西方现代大学制度所没有的。

二是健全的议事规则与决策程序。即建立规范合理的决策机制和规则，实行民主决策、科学监督、有效管理的机制，其中教职工代表大会和学生代表大会等群众团体要发挥应有的主体作用。

2. 加强章程建设是当前中国特色现代大学制度建设的重要途径

其包括各类高校要依法建立和制定大学章程，依照章程的规定依法治校，特别是要建立、实施聘任制度和岗位管理制度，确立科学的考核评价和激励机制。在法律法规许可的范围内，充分尊重学术自由，营造宽松的学术环境。通过章程建设，切实提高大学的管理效率，建立学术与行政共生的管理体系，进而充分发挥大学的育人功能。

3. 扩大社会合作是中国特色现代大学建设的重要方向

现代大学从来都不是"象牙塔"，它时刻与社会保持着紧密而重要的关系。例如，有效利用社会力量建立高校理事会或董事会，健全社会支持和监督学校发展的长效机制；探索高校与企业合作共建的模式，推进资源共享，形成协调合作的有效机制，大力发挥大学服务社会的作用；积极推进高校后勤管理的社会化改革，充分提升大学的管理效率和服务水平。

4. 推进专业评价是中国特色现代大学建设的重要走向

高校和社会力图建立国际化、规范化的大学评估制度，鼓励各类专门机构对大学学科、专业、课程等的水平和质量进行评估，建立高校质量年度报告发布制度；积极加强与国际高水平教育机构的合作，形成中国特色学校评价模式，并逐步实现目标。以上措施能够有效督促大学加强人才培养的力度，是提高我国大学教育质量的重要趋势。

应该说，以上四个方面充分体现了创建中国特色现代大学的目标和方向。中国特色现代大学制度既充分吸收了现代大学制度的基本要素，又结合了中国的实际国情和社会现实，体现了鲜明的中国特色。

（三）高等教育体系完备的最后一关

通过反思和实践，人们发现，制度建设只是完善大学制度的第一步，更重要的是制度的实施与运行，而实现这个过程的关键是包括师生在内的所有参与者。这些参与者是大学主体，他们的主体性在大学制度的运行中得以体现。

现代大学管理实质上包含学术体系和行政体系这两个体系。前者主要通过大学的学术制度、教师的胜任力、学科的发展水平、人才培养的成效等方面得以体现，后者则是围绕学术体系形成的管理服务工作。西方现代大学的这两方面体系被划分得较为清楚，责任界限也非常明晰。学术的责任主要依靠教授，以管理服务为中心的行政体系的职责则归于行政职员，且前者是主导大学运行的主体，后者是服务者、从属者。但是，这并不是说后者不重要。事实相反，它为学术体系提供了必不可少的支撑。以学生事务为例，其标准化、职业化的工作有效地支撑了现代西方大学的正常运转。但是两种体系的截然分开对于人才培养的弊端也同样明显，尤其是管理服务的过分社会化与人才培养的脱节，更加不利于人才培养。经验证明，当前阶段这种两分的体系和模式也较难适应中国的文化土壤，学术队伍与职员队伍之间常常会出现矛盾和问题，甚至可能出现整体对立或不合作的严重情况。

中国特色现代大学制度实质上就是以立德树人为出发点，以全面提高教育质量为目标，实现全员育人、过程育人的人才培养模式。这种模式特别是学生组织方式，如发挥辅导员、班主任的积极作用，对于人才培养有着积极的作用，显然也更加适应中国高等教育的发展现状。因此，人们在尊重学术体系的育人功能的同时，也不能忽视管理体系育人作用的发挥。人们认为，中国特色现代大学制度是学术体系与管理体系两者有机结合的共同体，两者是大学体制的一体两面，对立统一，共同参与育人这一过程，共同实现人才培养的终极目标。

在中国特色现代大学之中，管理体系的重要性不言自明。而学生事务管理工作是大学人才培养工作的重中之重。高校辅导员队伍是学生事务管理工作的主力，是大学生思想政治教育和德育工作的骨干力量，也是大学实现立德树人这一目标的关键依靠力量。中国高校辅导员制度的建立，不仅完善了大学管理服务体系，更为重要的是，它解决了大学人才培养过程中立德树人和学生全面发展的实际难题，在人才培养过程中发挥着不可替代的重要作用。可以说，高校辅导员制度的建立，进一步丰富和完善了中国特色现代大学制度和管理体系，是中国高等教育的重要特色，也是中国高等教育体系完备的最后一关。

第三节　高校辅导员队伍建设的途径

一、推进高校辅导员队伍理念建设

（一）深化辅导员队伍建设理念

为满足大学生的主体性与多样性的思想政治教育需求，辅导员不仅要体现大学生思想理论教育、咨询辅导、事务管理与大学生全面发展的关系的理念，还要进行大学生心理健康咨询、职业生涯规划与就业辅导、学习指导、生活服务等理论与方法的深入研究，并形成专门领域的系统理论。而坚持以人为本，注重提高思想政治教育的针对性、时效性、吸引力和感染力，要求辅导员队伍建设一定要凸显以人为本的理念。

1. 紧密结合大学生的实际需求

在辅导员队伍建设中，紧密联系社会发展实际和学生的思想实际，是提高教育时效性的关键点和突破口。着眼于理论在实际中的应用，才能从根本上体现理论教育的吸引力与感染力。

在新形势下，大学生的发展需求，充满了对辅导员工作紧密联系学生实际的期待。学生如何在新的社会环境中立身处世、成长成才，是他们自身的发展诉求。在这样的需求下，辅导员队伍建设必须要紧密贴近大学生的实际，关注大学生的成长成才需求。首先，辅导员要带着深厚的感情关心大学生的切身利益，重视他们的合理需求，通过"理"与"情"的不断结合帮助大学生解决学习、生活中遇到的实际问题。其次，辅导员要主动发现大学生的实际问题，及时响应他们的诉求，引导大学生以合理方式表达诉求。最后，辅导员要站在大学生的角度设身处地为大学生想问题，与大学生保持平等的地位关系。

2. 积极深入大学生的生活

辅导员要深入大学生实际成长的生活世界，在贴近生活中提高思想政治教育的时效性。在高校，大学生的生活世界主要是大学生的学习活动，同时还体现为各种人际关系中的党团组织、班级、社团、宿舍、社区中的集体活动，包括文体科技等多方面的校园文化活动。

首先，学习活动是大学生生活世界的主体部分。高校辅导员要将对学生的思想工作与学习教育培养融为一体，针对学生的学习目的、学习动力、学风建设等方面加以引导。

其次，辅导员要把课内教育与课外教育有机地结合起来。辅导员要拓展教育的方式与途径，在活动中渗透思想政治教育，促进学生综合素质的提高和个性的发展。

最后，网络是进行思想政治教育的新载体。辅导员要充分利用好这一载体，深入了解网络环境下大学生思想活动发展的新特征，探索新规律，发挥网络思想政治教育的优势，引导大学生成长成才。

3. 充分发挥大学生的主体性作用

辅导员工作要做到贴近学生，只有以大学生的所思、所想、所感、所要为出发点和落脚点，辅导员工作才能真正做到"以学生为本"。

辅导员在实际工作中，一是要真正重视大学生的主体性。辅导员要与大学生建立起平等、民主与互动的关系。尊重学生的个体差异。注重培养学生发挥个性，调动学生自觉参与教育活动的积极性。二是要遵循大学生主体性作用发挥的正确机制。辅导员要真正关心学生、帮助学生、爱护学生，用"德高为师，身正为范"的人格魅力感染、引导学生形成说服疏导、选择指导、示范引导的教育方式方法。三是要强化大学生的自我教育。辅导员要注重发挥大学生的主体作用，将思想政治教育与主体性教育有机地结合起来。

（二）完善辅导员队伍建设目标

辅导员队伍建设的目标要与思想政治教育的目标保持一致。确定行为目标，对有效开展实践活动具有重要的作用。辅导员目标体系应贯穿于辅导员队伍建设的全过程。辅导员队伍建设的目标体系能够给予辅导员工作主客体双方共同的价值追求，并在具体的实践活动中对其进行强化。激励作用指辅导员制度本身即涵盖了辅导员和学生共同的价值追求与希望，因而有助于激励双方向着共同的目标而努力。

辅导员队伍建设要以国家及社会发展为基本出发点，包括社会环境及国家相关政策。辅导员制度目标体系的制定，要与高等教育发展水平、社会发展状况等因素相结合，同时要从国家现有的路线、方针、政策出发，与国家的相关政策及规定保持一致。辅导员制度目标体系的制定，还要考虑辅导员队伍建设与发展所依存的内部条件，包括高校自身的校园文化及物质基础、辅导员队伍的现状及大学生对思想政治教育的需求等因素。无论是外部环境还是内部因素，都会对辅导员制度目标体系的制定产生重要的影响，并且它们之间是相互作用的，共同影响着辅导员的目标体系。

我国开展大学生思想政治教育的根本目的是促进大学生的全面发展。促进大学生的全面发展需要有一支专业的队伍，而辅导员是开展大学生思想政治教育的骨干力量。因此，辅导员队伍建设的根本目标同样也是促进大学生的全面发展。辅导员队伍建设要实现大学生全面发展的根本目标，需要将目标具体化，其首先要建设一支能够开展好大学生思想政治工作的队伍。

一方面，"专家化"是改革开放以来我党对辅导员队伍建设的一贯要求。要培养和造就一批思想政治教育方面的专家、教授和理论家，高校应当采取有力措施切实加强德育队伍建设，努力培养和造就一批思想政治教育的专家和教授，要鼓励和支持专职辅导员成为思想政治教育工作方面的专门人才。

另一方面，在确立高校辅导员队伍建设新机制的条件下，职业化背景下的专家化，有着更深层次的含义。高校辅导员工作涵盖思想政治教育、心理咨询与服务、职业生涯规划与就业指导、学生日常事务服务与管理、学生活动及实践策划与辅导、学生宿舍服务及管理、党团建设及班级管理等。每一项工作都是专业性非常强的工作。因此，高校要在辅导员"职业化、专家化"的根本目标下，制定具体目标。即对辅导员的工作职能进一步细分，使其专业性更为突出，使辅导员成为学生教育、管理、服务某一方面的专家，即有的成为心理健康教育方面的专家，有的成为就业指导与职业生涯规划方面的专家，有的成为党团建设及班级管理方面的专家等。

（三）提升辅导员职业价值观水平

辅导员职业价值观的提升有助于推动辅导员制度的发展。辅导员职业价值观的提升主要靠外部环境与自我教育两方面的共同作用。而自我教育是提升辅导员职业价值观的根本动力，具体包括以下五个方面。

1. 提升职业认知水平

辅导员入职前要了解辅导员这个职业的社会地位和意义。熟知所要任职高校的组织结构、辅导员升迁政策、薪资待遇等情况。在此过程中，还要进行准确的自我定位，根据变化的形势政策，用发展的眼光来看待辅导员职业未来发展的轨迹，从而不断合理调整自己的职业期望值。

2. 端正职业价值态度

个体所需要的职业价值的实现是通过社会需求职业价值来体现的，这两种需求之间的关系是相互促进、相互影响的。辅导员要认清自身职业的社会价值及重要使命，这要求辅导员自身应确立符合社会主导价值准则的职业价值观，真正理解并践行社会主义核心价值观。力争通过自我教育获得对辅导员职业价值的理性认识，将社会对辅导员的职业期望内化为自身职业价值取向，增强职业角色认同感，树立职业光荣感与自豪感。

3. 加强职业道德修养

这就要求辅导员理性地面对国际国内形势的急剧变化、多元价值观共存的现状，在坚持社会主义核心价值观的基础上，通过"自重、自省、自警"来警示和鞭策自己。另外，职业道德情感也是贯穿辅导员整个职业生涯的重要内容。"感人心者，莫先乎情"，辅导员应爱护大学生、尊重大学生。在学业上，其应成为传道、授业、解惑的教师；在情感上，其应成为与大学生和平相处、平等相待的知心朋友。

4. 注重职业素养提升的持续教育

自我教育是一项长期工程，这就需要辅导员通过专业化、终身化的学习，不断克服专业背景对自己工作造成的阻碍，不断地"自我更新"。应积极主动地参加学院和学校组织的辅导员培训、辅导员沙龙以及相关报告会和讲座；积累心理学、思想政治教育、职业生涯规划等方面的知识，在理论学习中不断取长补短，并积极参加各种实践活动；不断提升知识能力和工作水平，努力成为专业性人才，并向专家型人才的方向发展。

5. 注重自我的职业生涯规划

辅导员在工作中要进行合理的职业规划。应结合自身实际特点，在不同时期制定不同阶段的职业发展目标，通过自己的努力去实现目标，从而激发自身的工作潜力，使自己在不同阶段都有获得成功的机会。工作中的不断进步和取得的阶段性成功是辅导员获得职业幸福感的重要源泉，而由此带来的职业成就感可以形成强大的动力，促进辅导员在职业发展中不断丰富自我、完善自我和调整自我，从而不断获得职业乐趣。

二、优化高校辅导员配备建设

（一）严格选聘制度

自中央 16 号文件颁布以来，各地高校在辅导员选聘方面相继取得了显著的进步，同时也充分认识到严把入口关是从源头上实现辅导员队伍优化的保证。按照职业化的发展要求，辅导员选聘制度应该建立在职业标准化的基础上。辅导员职业标准体系包括静态和动态两个有机结合的考察体系。

1. 明确选聘标准

第一，严格政治标准。由于我国辅导员制度的特殊性，所以担任高校辅导员的人员必须政治立场坚定，具有敏锐的政治洞察力和鉴别力，在重大问题上要确保思想上和行动上与党中央保持高度的一致。因此，辅导员选聘要严格保证选聘者的政治性。

第二，注重学历结构的优化。目前，我国辅导员专业结构呈现出综合化的特点。但随着辅导员工作专业性的增强，适当选聘与辅导员工作相关的专业的硕士或博士毕业生担任辅导员，使之从事专业性较强的工作，能够有助于辅导员"专家化"发展目标的早日实现。

第三，建立严格的选聘程序。高校要保证辅导员选聘环节的公平公正，就必须建立严格的选聘程序。程序公正是选聘结果公正的保证。在入职资格考试方面，应逐渐形成统一的考试机制。在面试环节，除要有本学校相关部门的面试人员外，还应聘请思想政治教育方面的专家或优秀辅导员来共同组成评审团。这样不仅提高了面试评委的专业水平，而且也在一定程度上保证了面试结果的公正性。在心理测试环节，要聘请心理方面的专家对应聘者进行专业的心理测评。

2. 注重对辅导员应聘者内隐胜任力的考察

在辅导员的选聘上，除静态的制度规定外，还要构建全面立体的考察应聘者素质的动态测评体系，要注重选拔具备育人能力和育人素养的人员来担任辅导员。

第一，在培训中考察。在对应聘者进行前期的一系列考核后，还要对其进行有针对性的培训。培训主要采用实践活动的形式，要注重考察应聘者的求职动机、个性、价值观等内隐胜任力的内容。在活动中应对培训者的素质和能力进行跟踪评价。根据考核结果，判断其是否具备担任辅导员的能力和素质。

第二，在见习中考察。在辅导员资格认证中，高校应该将见习考察作为辅导员资格认证标准的有机组成部分，具体包括见习内容、见习机制、考核标准和方式。要确认见习在辅导员选聘体系中的地位，从而规范辅导员选聘制度中的见习制度。见习是一个双选的过程，即使应聘者对辅导员工作和岗位有了进一步的了解，高校也应使应聘者的基本素质和能力得到充分展现。通过见习，高校能进一步考察应聘者是否适合辅导员工作。这是辅导员选聘制度的最后一个环节。通过该环节的应聘者，即可以正式成为辅导员，否则，不能被选聘。

（二）优化辅导员人员配备

有关优化辅导员的人员配备问题，高校一方面要保障专职辅导员的配备，另一方面还要优化辅导员的配备结构。

1. 辅导员配备比例

《普通高等学校辅导员队伍建设规定》的第六条规定了高校要按照 1∶200 的比例配备本专科专职辅导员。从新中国成立以来辅导员队伍配备的比例要求看，1∶200 的比例是配备比例要求最低的。随着辅导员工作难度的加大，大学生思想政治方面的需求日渐增多。辅导员 1∶200 的配备似乎也有待商榷。不同高校、不同专业的学生都有其自身不同的特点。如国防生、艺术类学生等，有其不同于普通学生的特点和需求，因此适当提高辅导员与学生的配备比，将更有利于辅导员工作的开展。

2. 优化辅导员配备结构

辅导员的年龄结构、职称结构、工作年限、专业结构等都呈现出一个良性的发展态势，这是促进辅导员队伍发展的保证。有关辅导员结构的优化配备，要靠完善的辅导员制度予以保障，这是辅导员队伍完善与发展的根本。一个好的制度保证，会激励更多的辅导员长期从事辅导员工作，使之在辅导员工作中建功立业，实现自身的职业理想，实现辅导员队伍的职业化和专家化的目标。同时，如何将现有的辅导员队伍进行优化分配，最大限度地发挥辅导员的工作实效，也是需要探讨的一个问题。如在高校范围内，相关部门应当根据辅导员的工作年限、工作业绩、所学专业等对辅导员进行合理调配，使辅导员能够在其岗位上发挥最大的作用。对于工作年限较长、工作业绩较突出的辅导员，应给予其适当的政策倾斜，减少其在各岗位间的流动。

三、加强辅导员队伍思想政治培训建设

高校辅导员作为高校教师队伍和管理队伍的重要组成部分，集教育引导、管理分配、服务学生等多元化职责于一身。随着教育事业的不断发展，新时期新形势对辅导员队伍的培训建设有了升级化的高标准、严要求。因而，加强辅导员队伍思想政治的建设，建设一支具有高素质、专业化、全能化的辅导员队伍就显得意义重大。

思想政治建设是学生工作队伍建设的核心和灵魂，是增强辅导员队伍创造力、凝聚力和战斗力的源泉，是提高辅导员素质的根本途径，也是构建高校管理体系管根本、管方向、管长远的基础性工作。

高校辅导员建设正处于贯彻落实党的十八大和十八届三中、四中、五中、六中全会精神，深入贯彻习近平系列重要讲话精神、推动高校政治改革的重要时期。应对复杂严峻的高校管理新形势，迎接新的机遇和挑战，高校要创新性地结合当代政治生态环境，寻求加强高校辅导员队伍思想政治建设培训的新途径。

（一）确立人才本位的培训理念

自古以来，人才资源一直是各个行业争抢博弈的主要资源之一，确立人才本位的培训理念是确保工作行业顺利发展的第一要义。重视人才资源、加强人才的内生（内部培训）与外引（扩大招聘）是市场竞争的迫切要求。人才本位的培训理念，不是简单的基础知识填鸭式灌输、短期单一技能的文本培训，而是辅导员培训组织构建一个长期的、有效的、有体系的培训信仰，以促进辅导员队伍向"专家型""思想型""管理型"转变，切实提高其领导学生队伍的能力水平。

（二）建立双向统筹的培训机制

培训部门要充分履行辅导员系统培训的牵头抓总的职能，践行集体调训与个体培训的双向统筹培训规划。一方面，要充分做好参加培训的辅导员的信息征集工作，提出有预见性的培训指导思路，在培训周期、培训班次、培训内容和人员集中选上做好妥善的统筹分配工作，强化宏观管理，规范双向统筹标准，严格执行计划；另一方面，要允许学院以及辅导员本人以正当理由适当选择参训班次、时间、形式等。实行辅导员个体自我需求与社会集体发展、工作实际需要相结合的培训机制。

（三）更新现代科技的培训方法

引入现代科技手段，包含设备层面的更新换代，主要涵盖培训时间、培训空间、培训形式等多层次的培训方式的更新。一方面，充分发挥新时代科学文明与通用技术的功效，结合网络传输、多媒体设备、远程监控、电化教学等通用的新方式方法，最大限度地突破时间、空间给辅导员培训教育带来的局限，解决在职辅导员求学心理的冲突矛盾；另一方面，在现有专题讲座、名师演讲等教学模式的基础上，更新培训方式，引入个案分析、场景模拟、小组讨论等新颖途径，丰富授课形式，着重结合辅导员工作生活中的实际情况进行有针对性的分析与研讨，把传道解惑、自思自省、互动互助等行为引入课堂，充分提升辅导员教师的积极参与度与灵活创造力，增强为学生服务的效果。

（四）丰富细致全面的培训内容

目前，高校在培训授课方面普遍存在内容覆盖面小、涵盖知识少、涉猎广度窄等问题，丰富辅导员队伍培训课程的内容，将培训内容细致化、层次化、具体化是一项亟待解决的问题。人们可以采取以下有针对性的具体措施。

一是对缺少基层工作经验的辅导员，采取"老带新"的模式，增加其实践教学内容，帮助新辅导员尽快进入工作状态，了解学生的工作实际。

二是对有一定发展潜力、近期可提拔的老辅导员教师，要注重提升他们的政治修养与文化素质，可以构建能力提升培训模块，如决策力（decision power）模块、领导力（guide power）模块、影响力（influence power）模块、创新力（innovation power）模块等内容，对其进行具有综合性的全方位的领导能力的培养，有针对性地对其进行培训，从而建立全新的辅导员领导干部能力培训课程体系。

三是对高校工作认识有局限性的辅导员教师，要有计划、有目的地选派他们到国内或国外其他优秀高校参加走访学习。

新时期的社会与市场需求对高校辅导员队伍的综合能力有了进一步的高标准与严要求。目前高校辅导员教师在培训建设过程中所面临的内外部环境、主客观因素、虚实化场景等在不断发生新一轮的微变与巨变，这要求高校辅导员队伍思想政治建设的教育培训工作必须坚持更新培训理念、丰富培训内容、增加培训方法和完善培训机制，如此才能使之紧跟时代步伐，适应新形势任务，从而更好地提升服务学生体系的能力。

四、完善高校辅导员队伍长效机制建设

（一）构建协同育人机制

高校要优化资源配置，树立协同育人的理念，寻求发掘各项育人的要素，把教书育人、管理育人和服务育人结合起来建立协同育人机制，从而统筹推进思想政治工作的建设。

第一，创新教书育人方式。首先，改进教学内容和教学方法。学生主观能动性发挥的程度影响着教育效果。在课堂中，如果学生没有得到主动实践的机会，那么教育效果就会大打折扣。因此，教育者要研究新时代的发展变化，结合学生的心理发展水平，改进教学方式，研制一套符合时代要求的思想政治理论课教学论，让学生在具有时代鲜明特征的教学方式的指导下，提高思想认识深度。在课堂教学中，教师要增加符合学生思想政治工作要求的内容，激发学

生的学习兴趣。其次，教师之间要深化合作。高校要建立思想政治课教师与非思想政治课教师协同育人机制，培养非思想政治课教师的思想政治理论素养，帮助非思想政治课教师制订不仅适用于学科知识，还能够提升学生综合素养的教学大纲。在实战过程中，当专业课教师发现学生存在思想问题时，思想政治理论课教师应能够适时给予其帮助，使高校专业课与思想政治理论课相互配合，同向同行，发挥每一门课程的育人功能。最后，开展师风师德专题宣传活动，提高教师的职业道德水平。例如，组织全员培训，了解文件精神，通过校报、电视、网络等多种载体宣传先进人物事迹，开展征文比赛和演讲比赛等。

第二，健全管理育人机制。首先，建立健全思想政治工作的领导机制和组织机构。党政干部要把学生的思想政治教育放在首位，带领工作队伍合力开展思想政治教育工作。这不仅需要相关部门及人员发挥政治领导核心的作用，积极参与学校重大思想政治问题的决策和管理，推动学校民主建设，贯彻落实党的教育路线，而且还要加强各个部门的联系、沟通、协作，建立联动工作机制。此外，还要鼓励党政班子成员互相兼督，加强联系，增进团结。在院系层面，党员院长同时任党组织副书记，贯彻落实着学院党建工作和思想政治教育工作。其次，改进和完善关于思想政治工作的管理制度，保障高校教育事业的发展。建立健全各类规章制度是高校的重要职责，建立制度后还需要将规章制度落实在实际工作中。最后，为了避免不当言论危害校园文化建设，高校还要进行网络管理，加强网络舆论的监督和管理。出现违法信息在校园内传播的情况时要追根溯源，找到危机产生的机制和源头，惩戒不法分子。廓清网络环境的消极影响，为学生提供安全的网络文化氛围。

第三，完善服务育人机制。高校要将思想政治工作和保障性服务结合起来，使大学生一边享受校园服务一边受到精神上的感染。此外，高校还要仔细观察，从小事做起，注意学生的一言一行，不断提高自身的服务水平，把学生的安危冷暖时刻挂在心上，体察学生的愿望，畅通学生的诉求渠道，解决学生的实际困难。在为学生提供服务的过程中，针对不同年龄和性格的学生，其需要分层次进行教育，需要抓住时机适时开展思想政治教育，以提高大学生思想道德修养。

（二）完善监督考核机制

建立和完善考核评估机制，首先要从考核待遇、岗位职责和素质标准等入手。例如，强化组织考评，对于党政干部，要将静态考察和动态考评结合起来，将横向分析比较与纵向分析比较结合起来。静态考察是在年底的时候打出综合分数，但缺少对完成具体任务情况的分析，动态考评是依据干部在关键时刻发挥的作用进行积分制打分，全程跟踪干部的思想动态，给予干部及时和客观的评价。要使考评工作制度化，需要实行定期考评和随机考评相结合的制度。根据工作需要，随机对干部进行不定期考评，通过走访调查、民主座谈、实地考察等形式，多层次、多角度地了解干部表现，不仅要掌握其在工作时间中的表现，而且还要了解其在工作之余的生活和社会交往等情况，从而将考核贯穿整个过程。对于教师考核，认真鉴定教师的思想品德状况，探索教师定期注册机制。

同时，还要完善竞争机制，加强竞争意识，实行优胜劣汰和奖勤罚懒的政策，使每位成员有危机感，将压力转化为学习和工作的动力，充分挖掘其潜力，提高整个队伍的活力。完善考核制度，将考核常态化，提高队伍素质的核心竞争力。对于优秀的个人要善于发现，给予其表彰，发挥其典型引领的作用，为调动成员学习的创造性和积极性，可以逐步实行与能力和业绩相适应的工资分配形式。此外，对于在考核中不合格的人员，要与其诚勉谈话或者安排调离。在党政干部考核中，要强化问责制度，出现重大事故的责任者，要按照党内规定、有关法规严肃处理。要长期坚持竞争更新机制，与时代的变化发展相适应。

（三）健全激励机制

高校思想政治工作队伍的激励机制可以分为四个部分。

①角色激励。高校每位思想政治工作者要有高度的责任感和使命感，要明确自己的角色定位，尽职尽责。要根据责任的轻重，给予不同津贴，加大表彰激励力度，推进落实思想政治工作。

②目标激励。把制定的思想政治工作目标分为长期和短期，根据完成每个阶段目标的实际情况进行绩效考核，分阶段分内容地进行公开判评，对完成情况好的人员进行嘉奖，以激发队伍成员的工作动力。

③典型激励。在高校中树立学习榜样，表彰先进，营造思想政治工作队伍崇尚先进、学习先进、争当先进的氛围。高校应该重点发现工作者的闪光事迹，将有培养潜质的先进典型随时上报。高校还可以开展优秀教育成果奖评选活动，形成自下而上推荐和自上而下挖掘的方式。

④物质激励与精神激励相结合。对思想政治工作上有突出贡献的先进工作者要及时给予物质奖励，并与精神激励结合起来，使表彰激励作用能够得到有效发挥。第一，高校要完善各种与思想政治工作队伍密切相关的工作机制，如津贴制度、岗位聘任、职称评聘等。第二，在完善基本工作机制的同时，在表彰大会、校报等媒体上宣传先进事迹，以激发工作者争先创优的积极性。

（四）健全保障体系

健全保障体系，是尊重和保障思想政治工作者正常发展、激发工作者的使命感，使之专心投入高校思想政治工作的重要手段。

第一，在薪酬保障方面，中央宣传部和教育部党组联合印发的《关于加强和改进高校宣传思想工作队伍建设的意见》提出，高校要进一步加强组织协调、统筹兼顾和督查推动。高校要调整思想政治工作队伍的数量和质量、优化队伍结构、厘清岗位职责，在落实中央的有关政策和要求时，结合学校的发展情况，因地制宜，组织部门在党委领导下牵头抓总，把思想政治工作经费纳入学校年度经费使用计划中，从而形成层层保障。高校要建立规范、有效的资金投入和保障制度，从制度和机制上切实解决好思想政治工作队伍的职称和待遇问题，加大党政干部、思想政治课教师与辅导员队伍深度融合的专项经费投入，设立专项资金，确保协同育人工作的顺利开展，推动高校思想政治工作的正常运行，增强队伍的归属感、安全的保障感和奋斗的成就感。除了工作队伍人员的保障外，还要加强思想政治工作基础设施的建设，并不断增加资金投入，以切实保障开展思想政治工作必要的资金。比如，思想政治工作书籍阅读室、基层党校、团校等地实施建设需要有资金的投入，举办文体活动如比赛、竞赛、联欢会和其他活动需要有经费，现代化的技术装备及各种宣传工具的配备也要有资金上的保证。

第二，在职称晋级和职务晋升方面，针对思想政治工作队伍的机制要与其他专业任课教师和行政人员有所区别。例如，给思想政治理论课教师安排的课时比其他教师多，会导致思想政治课教师缺少对科研方面的投入，因而在制定评定标准时需要同时考虑科研能力和课时负担问题。因此，高校应该分专业和分岗位进行职称评定，在评议、序列、指标方面都单独划分，以切实保障思想政治理论课教师在职称评审方面的权益。关于党政干部的保障机制，虽然许多高校干部都是学者出身，尽职尽责地在学校管理岗位工作，但是管理岗位事务繁忙，使得其缺少时间投入科研，因此高校要给予其一定的条件支持，让其可以在管理岗位上安心工作。

第四节　高校辅导员队伍的未来发展方向

一、具有学科梯队的专业化发展队伍

（一）专业的思想政治教育学科支撑

在对辅导员制度发展的经验总结中，高校必须将辅导员工作作为一门科学。辅导员工作如果只依靠经验，而没有专业的学科支撑，那么其很难在高校中与其他学科共同发展，专业的发展梯队也就无从谈起。在对辅导员职称结构进行调研时发现，辅导员中有中级职称的占54.20%，有副教授职称的占6.19%，有教授职称的占0.44%。而在全国各地普通高校教职工职称结构中，有中级职称的占36.879%，有副高级职称的占27.85%，有正高级职称的占10.67%。通过比较可以发现，高校辅导员队伍的专业技术职务在对应层次上要低于专任教师，尤其是在副高级以上职称上的差距尤为明显。同时，相对于专业教师而言，辅导员队伍整体上专业水平不高，科研能力较弱。在深入研究学生工作问题和解决学生问题的专业需求方面尤为力不从心。可见，辅导员队伍并没有形成合力的专业发展梯队。

（二）选拔思想政治教育学科带头人

在辅导员队伍发展梯队的建设中，选拔学科带头人，也就是培养辅导员队伍中的专家，应该是一个重要的发展方向。一个专家型高校辅导员要具有以下三个基本方面的能力：一是专家不仅要掌握该学科的知识和运用知识的能力，而且还应具备科学研究的能力；二是要工作效率高，要能在较短的时间内完成更多的工作；三是洞察力，要有发现恰当的解决问题的方法的能力。按照此逻辑，专家型辅导员还应该掌握丰富的辅导员工作专门知识，并能够熟练运用，能高效地解决学生所遇到的问题，并对其进行有效指导。

（三）重视辅导员结构层次建设

这是辅导员梯队建设的关键。辅导员的结构层次至少应包括以下几个方面的内容。

第一，年龄结构。在对辅导员的年龄结构进行调研时发现（如表7-1所示），25周岁以下及36周岁以上的辅导员较少。而在26～35周岁之间的辅导员所占比例达80%。这样看来，年龄构成不是很合理，尤其是36周岁以上的辅导

员所占比例较少，这样是不利于辅导员队伍的梯队建设的。因此，高校应重视中青年辅导员队伍的发展，建立稳固的辅导员发展机制，鼓励辅导员长期从事辅导员工作。中青年辅导员将成为辅导员队伍中的骨干甚至专家。

表 7-1 辅导员年龄结构调查表

辅导员年龄段	所占比例
25 周岁以下	9.07%
26～30 周岁	35.62%
31～35 周岁	42.48%
36～40 周岁	7.08%
41 周岁以上	5.75%

第二，任职年限。在对辅导员工作年限进行调研时发现，辅导员工作 1～5 年的占 47.79%，6～10 年的占 38.27%，11～15 年的占 11.50%，16 年以上的占 2.43%。高校要统筹规划专职辅导员的发展，鼓励和支持一批骨干辅导员攻读相关学位或进行业务进修，使之向职业化、专家化的方向发展。在未来的辅导员队伍中，辅导员工作的年限会逐渐增加。同时也会有辅导员终身从事该工作。

第三，学历结构。目前，为全面提高辅导员整体素质，各高校都对辅导员的学历层次提出了明确的要求。多数高校要求是硕士研究生学历及以上。但与国外相比，我国的辅导员在学历和专业层次上与之还有较大差距。从国家 2013～2017 年的辅导员培训计划来看，国家将对辅导员进行学历规划。鼓励并支持辅导员攻读硕士、博士学位。可见，高学历的辅导员将逐渐成为辅导员队伍的主体，同时将逐渐向专家化的方向发展。

二、具有专门学科支撑的综合化发展队伍

学科的综合化是目前辅导员队伍的一个重要特征。但是，这种学科的综合化既没有突出个体的专业特征，也没有体现整体的专业互补。同时从学科角度上分析，辅导员队伍的这种学科综合化还缺少一个专门的学科支撑。虽然思想政治学科为辅导员工作提供了学科上的指导，但是思想政治不等同于学生工作，辅导员给予学生的指导和帮助不仅要有思想政治方面的教育，还应包括心理辅导、学习方法指导、职业规划与就业指导、生活指导等内容，这些专业知识和技能是思想政治学科难以体现的。因此，加强辅导员专门学科的建设，应成为辅导员学科发展的一个重要趋势。

辅导员工作应是一门综合化、应用型学科，是以辅导员工作理论为基础并指导辅导员工作实践的专门性学科。按照大学生的发展需求，辅导员工作学科的理论体系应当包括以下五个方面的内容：一是关于大学生成长成才规律的理论，二是关于辅导员工作本质的理论，三是关于辅导员工作规律的理论，四是关于辅导员工作管理的理论，五是关于辅导员工作比较研究的理论。用专业化的理论回应现实需求，以理论指导实践，辅导员队伍建设才能够突破目前的发展瓶颈，实现科学化发展。

由于高校辅导员工作内容繁杂，涉及面广，且一些工作要求具备该方面较高的专业水平，如思想教育、心理咨询、职业规划与就业指导等。高校要求辅导员将每一方面的专业知识都系统掌握是不太不可能的。如美国的学生事务管理人员，分类非常细致，包括心理、职业、学习、生活等各个方面，每类学生事务管理工作人员都只负责相应类别的工作。在辅导员未来的发展中，高校可以借鉴国外的经验，将辅导员工作进一步细分成多个方向，包括心理辅导、宿舍辅导、就业辅导等，这样辅导员队伍将呈现出综合化的发展趋势。

但值得注意的是，辅导员队伍综合化的发展，不是将其划分到各个学科中，而是在辅导员专门学科支撑的基础上的综合发展。辅导员制度是具有中国特色的制度，是高等教育制度发展过程中积累的宝贵经验。无论将辅导员如何细分，其根本的政治性是不变的，其基本的思想政治教育和管理职能是不能变的。

三、具有大数据思维的辅导员人才队伍

大数据人才是进行数据应用、进行数据管理、统筹数据规划的主体，在高校思想政治教育的大数据创新中发挥着重要作用。高校思想政治教育融合背景下的大数据创新并不是单纯地拥有数据技术，也不是简单地进行数据收集、存储、管理，数据分析需要专业的数据人才队伍作为支撑。纵观当前的高校思想政治教育队伍，其学科背景和经历大都与大数据技术学科相差甚远。在对数据的敏感度和大数据应用方面极为匮乏，所以，他们本身没有挖掘数据与信息的能力，因而也无法判别、预测出结果。虽然有专门的大数据技术人才，但是，数据分析专家的本职工作是对庞杂的数据进行深入分析，其对高校思想政治教育的本质内涵和现实诉求并没有专业的了解。高校思想政治教育产生的数据不是一堆冰冷的数字，而是蕴含着人的思想情感的数据，对这些数据进行分析，需要的不仅是对一堆庞大的数字进行语义识别、分类关联以及可视化呈现，还是窥探数字中所蕴含的思想性、情感性的要素，即思想政治教育的意蕴。因此，

高校在融合大数据进行思想政治教育创新的过程中，所需要的大数据人才，是集数据分析能力和思想政治教育能力为一体的。

面对人才队伍这一困境，高校可采取以下几方面措施：第一，在优化思想政治教育队伍结构方面，高校要进行多元化人才的引进，强化对具有大数据专业背景人才的引进力度。同时，还要在思想政治教育队伍中强化数据素养教育，提高相关人员的数据意识，使之在意识层面突破传统"数据意识淡薄"的束缚，使思想政治教育者对所关心的事或物的数据具有敏锐的感受力、判断能力和洞察力以及对数据价值的认同，对教育教学实践中接触到的相关数据及其异动具有敏锐的嗅觉。数据意识是整个数据应用的关键性条件，对于强化思想政治教育者认识大数据的能力以及思想政治教育者在大数据应用中主体性的发挥具有重要作用。第二，为激发高校思想政治教育队伍参与统计学、网络技术等大数据相关专业知识培训的积极性，高校需制定相关政策予以支持，并适度地采取物质鼓励与精神激励相结合的方式，为高校思想政治教育队伍营造良好的培训氛围和条件。第三，为增强高校思想政治教育队伍中大数据人才的后备军力量，高校可以培养专业化和多元化并存的数据人才，积极开展学科协同发展新模式、新思路，开发高校思想政治教育与大数据融合的相关课程，以更好地实现大数据人才与思想政治教育人才的统一。同时，为提升资源整合效果，不同院系不同专业的教师，可以为学生定制个性化的培养方案，对于人文社科类学生，可以多补一些"术"（工具手段类）的内容，对于理工类学生，可以多补一些"道"（思想方法类）的内容。

四、具有创新的工作方式与方法

在信息时代，如何改进辅导员工作方式和方法，使之适应时代发展需要，提升大学生思想政治教育工作效果，已成为摆在辅导员面前的一个严峻问题。随着网络的发展，现代的辅导员工作方式还包括辅导员博客、组建班级QQ群等。但是，辅导员的这些工作方式中还存在着某些弊端。如经验性大于技术性、专业水平的提升空间不大等。

辅导员工作"课程化"是未来辅导员工作的必由之路。所谓"课程化"，即辅导员工作和专业教师"上课"一样，但又不完全等同于授课，其工作节奏要坚持教材的稳定性与学生工作实际的变化性相结合。辅导员工作"课程化"能够突出辅导员的教师身份，工作系统性和专业性较强，能够提升教育效果。

　　辅导员工作方式程式化与工作方法多样化是相统一的。教育环境与学生群体时刻都在发生着变化。辅导员工作只有不断创新工作方法，才能不断适应大学生的发展需求。在任意一种辅导员工作方式中，创新工作方法都是一个永恒的主题。辅导员工作方法随着辅导员工作水平的提升而不断创新与发展，而网络的不断发展，使得网络思想政治教育的方法也不断丰富，这是高校思想政治教育发展所面临的新课题。

参考文献

[1] 谢晓娟. 辅导员思想政治教育工作研究 [M]. 沈阳：辽宁大学出版社，2014.

[2] 文丰安. 高校辅导员队伍建设系统工程研究 [M]. 武汉：武汉大学出版社，2014.

[3] 杨建义. 高校辅导员专业成长研究：基于思想政治教育学科的视野 [M]. 北京：社会科学文献出版社，2014.

[4] 张雯欣. 高校辅导员工作手册 [M]. 北京：光明日报出版社，2017.

[5] 贾丽. 思想政治教育教学与反思研究 [M]. 长春：吉林大学出版社，2017.

[6] 查伟大. 高校大学生思想政治教育工作实践案例分析与研究 [M]. 西安：西安交通大学出版社，2017.

[7] 郭素莲. 新媒体与大学生思想政治教育研究 [M]. 北京：九州出版社，2020.

[8] 伍林生. 当代大学生思想政治教育工作热点问题透析 [M]. 成都：西南交通大学出版社，2016.

[9] 崔岚. 高校大学生思想政治教育实践创新研究 [M]. 成都：电子科技大学出版社，2017.

[10] 秦玉国. 美育视野下的高校辅导员角色示范研究 [M]. 成都：西南交通大学出版社，2017.

[11] 马洪奎，张书玉，薛莉华. 探索与实践：大学生思想政治教育与管理工作研究 [M]. 成都：西南交通大学出版社，2017.

[12] 史仁民. 高校辅导员专业发展论 [M]. 北京：中央编译出版社，2018.

[13] 郝伟，刘芝，郝东. 辅导员工作与队伍建设研究 [M]. 西安：世界图书出版西安有限公司，2018.

[14] 温淑窈，欧阳焱. 现代传播学视域下高校辅导员团队建设创新研究 [M]. 北京：九州出版社，2018.

[15] 李方. 新时代高校辅导员工作理论与实践 [M]. 北京：中国书籍出版社，2019.

[16] 行连平. 新媒体时代高校思想政治教育模式探究 [M]. 北京：九州出版社，2018.

[17] 刘林森. 关于高校思想政治教育辅导员队伍建设的几点思考 [J]. 南风，2016（8）：76.

[18] 盛新建. 新形势下高校辅导员思想政治教育工作探讨 [J]. 活力，2019（23）：327.

[19] 王文东. 谈高校思想政治教育辅导员的工作职责 [J]. 国网技术学院学报，2017，20（5）：77-80.

[20] 赵睿. 高校思想政治教育（辅导员）人才培养初探 [J]. 思想政治课研究，2017（4）：47-51.

[21] 许良. "互联网 +" 与高校辅导员思想政治教育 [J]. 文教资料，2019（8）：115-116.

[22] 张梦君. 高校思想政治教育辅导员队伍的激励问题研究 [J]. 佳木斯大学社会科学学报，2020，38（3）：81-84.

[23] 逯灏. 新时期高校辅导员思想政治教育的创新路径 [J]. 西部素质教育，2020，6（11）：33-34.

[24] 宁爽，宋继东. 浅谈提升高校辅导员思想政治教育能力的策略 [J]. 现代职业教育，2020（6）：180-181.

[25] 冯雨. 新时代高校辅导员思想政治教育工作的思考 [J]. 法制博览，2020（20）：222-224.

[26] 魏君. 高校辅导员思想政治教育话语转换路径探究 [J]. 晋中学院学报，2020，37（4）：8-11.

[27] 倪颖，王薇薇. 提升高校辅导员思想政治教育亲和力探析 [J]. 学校党建与思想教育，2020（4）：69-71.

[28] 王英. 高校辅导员的思想政治教育方法创新研究 [J]. 教育现代化，2020，7（13）：74-76.

[29] 刘洋. 高校辅导员网络思想政治教育工作探析 [J]. 北京教育：德育，2020（2）：89-92.

[30] 李庆子. 高校辅导员思想政治教育能力提升路径研究 [J]. 办公室业务，2020（13）：32-33.

[31] 杨枫. 浅析新时期高校辅导员思想政治教育工作 [J]. 当代教育实践与教学研究，2020（14）：123-124.